GOLDMANN

FAMILIENFEST
UND ANDERE SCHWIERIGKEITEN
Das Kochbuch
ZUM FILM VON JODIE FOSTER

Einleitung von Jodie Foster

Übersetzt von Uta McKechneay
und Rita Seuß

GOLDMANN VERLAG

Die Originalausgabe erschien unter dem Titel
»Home For the Holidays Cookbook« bei Oxmoor House,
Inc., Birmingham, Alabama

Umwelthinweis
Alle bedruckten Materialien dieses Taschenbuches
sind chlorfrei und umweltschonend.

Der Goldmann Verlag ist ein Unternehmen
der Verlagsgruppe Bertelsmann

Deutsche Erstausgabe 2/96

Die Übersetzerin Rita Seuß ist Mitglied im Kollektiv Druck-Reif
Umschlaggestaltung: Design Team München
Umschlagfotos: Oxmoor House und
Concorde-Castle Rock/Turner Filmverleih
Satz: All-Star-Type Hilse, München
Druck: Pressedruck Augsburg
Verlagsnummer 43494
Ge · Herstellung: Martin Strohkendl, München
Made in Germany
ISBN 3-442-43494-7

1 3 5 7 9 10 8 6 4 2

Inhalt

Das Buch ist unseren Müttern gewidmet,
die uns beigebracht haben, auf Kommando »danke«
zu sagen, uns zu überfressen und mit viel
Salz kulinarische Wunder zu vollbringen.

»Da ist sie ja! Lieber Himmel, wie mager sie geworden ist!«

Einführung

Es bleibt niemandem erspart, sich in überfüllten Flughäfen durchzuboxen, im Familienkreis mit der Fernbedienung rumzuzappen, den Truthahn und den eigenen Wanst mit allem möglichen vollzustopfen und sich gelegentlich zu fragen, wozu das alles gut sein soll. Aber es hat die Pilgerväter nun einmal gegeben, und uns blühen alljährlich das leidige Thanksgiving und andere Familienfeste, gewürzt mit Maiskörnern, den Spangenhüten der Pilgerväter und der Gabe des Gebenkönnens. Ich lasse mich davon aber nicht hinters Licht führen. Irgend jemand hat sich dieses alljährlich stattfindende wahnwitzige Ritual vermutlich in erster Linie einfallen lassen, um uns um den Verstand zu bringen.

Wir lassen uns durch die Annehmlichkeiten von wohlschmeckendem, aber doch auch widerlichem Essen einlullen (»Kannst du beweisen, daß ich das tatsächlich gegessen habe?«), Schuldgefühle plagen uns, weil wir uns verpflichtet fühlen, Eltern und Geschwister zu lieben, und wir legen unser schlechtestes Benehmen an den Tag. Unsitten, die wir uns schon längst abgewöhnt hatten, tauchen wieder aus der Versenkung auf. Wir sehen uns von Angesicht zu Angesicht und Wange an Wange oft den eigenen Neurosen gegenüber.

Nehmen wir zum Beispiel den Wackelpudding mit Obststücken. (Wir machen den zwar nie, können aber darauf wetten, daß irgendein argloser Gast welchen anschleppt.) Sie wissen schon, dieser grüne Wackelpudding, der gespickt ist mit Apfelstücken, Ananasbrocken aus der Büchse und schier erdrückt wird von dieser künstlichen Schlagsahne aus der Spraydose.

Das ganze übrige Jahr lebe ich vernünftig und gesund. Ich esse rohen Fisch, schlucke meine Vitaminpillen, besuche

Yogakurse. Doch jedes Jahr falle ich am vierten Donnerstag im November aus völlig unbegreiflichen Gründen über diese grüne Wackelmasse her.
Sie dürfen mich nicht falsch verstehen. Eigentlich sind wir Fosters ziemlich aufgeklärt und kultiviert, was das vermaledeite Fest angeht. Wir setzen unseren Gästen so ziemlich das gleiche Bilderbuchessen vor, das auch unsere Mutter schon serviert hat. Mutter hat sich geschworen, nie wieder zu kochen, daher ist sie jetzt in der glücklichen Lage, aufregende, aber im Laden gekaufte Hors d'œuvres wie Räucherlachs, Pasteten oder Kaviar zu bestellen. Jetzt kann sie gut die Augen verdrehen und murmeln: »Ich habe dir ja gleich gesagt, du sollst die Ofenklappe nicht zu früh aufmachen«, wenn sie glaubt, uns sei etwas mißraten, weil es nicht ganz ihren Vorstellungen entspricht. Aber wir wollen es ja gar nicht anders. Uns macht das Kochen Freude, und der Erwartungsdruck, unter dem wir wie die Generationen vor und nach uns stehen, lähmt uns keineswegs.
Meine Schwester Connie ist in unserer Familie die Meisterköchin, doch selbst sie als Küchenchefin läßt immer irgend etwas zu lange im Bratrohr schmoren. Ich als Jüngste der Familie darf die Orangenhälften zubereiten – eine große Ehre, wie Sie sich denken können. Nichts ist leichter, aber trotzdem kann man damit Eindruck schinden. Diese Orangenhälften lassen sich nicht nur in Tupperware hervorragend transportieren, sie enthalten auch Unmengen von Alkohol *und* Zucker.

Die berühmten Thanksgiving-Orangenhälften der Familie Foster

6 Navelorangen, halbiert
7–8 Süßkartoffeln, geschält
100 g Butter
Grand Marnier nach Belieben
gemahlene Nelken
gemahlene Muskatnuß
Salz und Pfeffer nach Belieben
12 Pecannüsse zum Garnieren

Fruchtfleisch entfernen und Saft auspressen. Nur den Saft aufbewahren. Kartoffeln kochen, bis sie weich sind und sich zerdrücken lassen. Kartoffeln stampfen und Butter dazugeben. Nach Belieben mit Orangensaft und Grand Marnier vermengen. Mit dem Pürierstab pürieren, bis die Konsistenz von Kartoffelpüree erreicht ist. Nelken, Muskat, Salz und Pfeffer dazugeben. Falls es zu bitter schmeckt, hilft ein bißchen Rohrzucker. Die Mischung mit einem Löffel in die Orangenhälften füllen. Zur Verzierung eine Pecannuß hineinstecken. Man kann diese Orangenhälften schon ein paar Tage vorher zubereiten, muß sie jedoch in den Kühlschrank stellen. Vor dem Servieren einfach bei 165°C erhitzen. Ergibt 12 Portionen.

Da mir sehr daran gelegen ist, mich bei meiner Familie beliebt zu machen, kommt mir dieses Rezept gerade recht. Wenn sich dann bei dem Familienfest die Ereignisse überstürzen, beweisen diese dämlichen Orangen zumindest zwei unbestreitbare Tatsachen: Nichts wird sich je ändern, und allem Anschein nach bringt es einen auch nicht um. Thanksgiving spielt sich im trauten Kreis der Familie ab, und das ist nicht unbedingt positiv zu werten.

Für mich ist das Schönste an Thanksgiving ehrlich gesagt die darauffolgende Woche. Da hat man mir meistens Unmengen von Essensresten aufgehalst, und es gelingt mir nicht immer, alles anderen unterzujubeln. Dann erscheinen meine Freunde oder auch Familienmitglieder ganz spontan bei mir. Sie finden sich zum Essen ein. Wir sitzen lachend da und unterhalten uns, während die Mikrowelle piepst. Es gibt Leute, die ganz wild auf die Füllung sind, andere hingegen essen alles, was dazugehört.
Da lungern wir in Jogginghosen rum, reißen Witze und führen uns genau das wieder zu Gemüte, was uns noch vor ein paar Tagen fast um den Verstand brachte. Doch diesmal stehen wir nicht unter Druck, der Streß fällt von uns ab. Wir sitzen nicht im Kreis um den Tisch herum und halten uns an den Händen. Die Hüte der Pilgerväter spielen keine Rolle mehr, das Geben steht nicht mehr im Mittelpunkt. Freunde und Familienmitglieder haben sich aus freien Stücken zusammengefunden. Da zeigt sich das wahre Zusammengehörigkeitsgefühl.
Wie sehr man sich auch abmüht – es zeigt sich doch immer wieder, daß alles besser schmeckt, wenn es erst einmal ein paar Tage alt ist und man es zum Frischhalten selbst in Plastikfolie eingepackt hat.

Jodie Foster

Symbole neben den Rezepten

Die Feste feiern, wie sie fallen. 
Raffinierte Schlemmerrezepte von Henry und Adele
(was Sie am liebsten essen, obwohl Sie sich dafür schämen).

Rank und schlank. 
Die gesündere Nouvelle cuisine, die Joanne bevorzugt.

Vegetarische Versuchungen. 
Solche vegetarischen Versuchungen sind typisch
für Claudia.

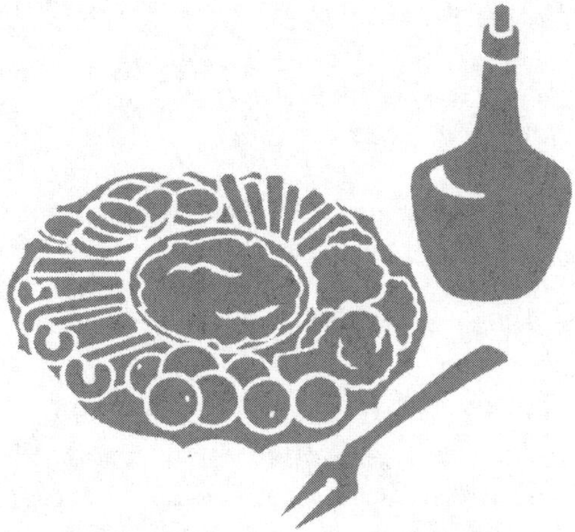

Auf die Plätze ... fertig ... los!

Vorspeisen & Getränke

Dieser Gang hat etwas mit Babe Ruth gemeinsam, wenn er auf die weit entfernte Stelle am Zaun weist, an der er seinen Homerun landen will. Man nimmt sich sofort vor, sich selbst zu übertreffen.

Krabben-Artischocken-Dip

2 Dosen (à 425 g) Artischockenherzen
250 g geriebener Parmesan
1 Glas Mayonnaise
2 Packungen tiefgefrorene Krabben, aufgetaut, abgetropft, zerpflückt
50 g Semmelbrösel
italienische Kräutermischung

Die ersten vier Zutaten gut vermischen. Mit dem Löffel in eine eingefettete 1,5-l-Auflaufform geben. Mit Semmelbröseln und Kräutern bestreuen. 15–20 Minuten bei 165 °C backen. Mit Crackern servieren. Ergibt 12 Portionen.

Rentier-Partymischung

2 Tüten Minibrezeln
2 Tüten Goldfischli
1 große Packung Käsecracker
1 große Packung Puffreis
100 g zerlassene Butter oder Margarine
2 EL Worcestersauce
$1^{1}/_{2}$ TL Gewürzsalz

Die ersten vier Zutaten vermischen. Butter, Worcestersauce und Gewürzsalz dazugeben. Über die Brezelmischung geben und verrühren, bis alles gut gemischt ist. Mischung in Pfanne füllen, eine halbe Stunde bei 120° C backen. Kalt stellen. In luftdichtem Behälter aufbewahren.

Pastete mit vier Käsesorten

200 g Doppelrahm-Frischkäse, Zimmertemperatur
2 EL Milch
2 EL saure Sahne
80 g gehackte und geröstete Pecannüsse
400 g Doppelrahm-Frischkäse, Zimmertemperatur
100 g Camembert, Zimmertemperatur
100 g zerbröselter Blauschimmelkäse, Zimmertemperatur
100 g geriebener Emmentaler, Zimmertemperatur

Eine 24 cm Quicheform mit Plastikfolie auslegen. Die ersten drei Zutaten vermengen. Mit dem Elektromixer bei mittlerer Geschwindigkeit glattrühren. In die Quicheform geben, mit gehackten Pecannüssen bestreuen.
Den übrigen Vollfettkäse, Camembert samt Rinde, Schimmelkäse und Emmentaler im Elektromixer bei mittlerer Geschwindigkeit verrühren. In die Quicheform geben und bis zum Rand glattstreichen. Abdecken und eine Woche kalt stellen.
Zum Servieren die Pastete auf eine Servierplatte stülpen. Plastikfolie vorsichtig entfernen. Mit Apfelschnitzen von roten oder grünen Äpfeln verzieren. Ergibt etwa 900 Gramm.

Blitzgebäck

1 große grüne Paprikaschote
1 große rote Paprikaschote
1 EL geröstete Sesamkörner
280 g Weizenmehl
100 g geriebener Parmesan
$^1/_2$ TL Cayennepfeffer
150 g Butter
100 ml Wasser

Paprikaschoten halbieren und Samen entfernen. Paprikahälften mit der Außenhaut nach oben auf ein mit Folie ausgelegtes Backblech legen. Mit der Hand leicht flachdrücken. Paprikahälften auf der obersten Schiene des Infrarotgrills 5 Minuten grillen (Ofenklappe leicht geöffnet lassen). Oder warten, bis die Paprikaschoten anfangen schwarz zu werden. In Plastikbeutel stecken und verschließen. Nach 15 Minuten läßt sich die Haut leicht abziehen. Paprikaschoten in kleine Stücke schneiden.

Sesamkörner und Paprikastückchen mischen. Beiseite stellen. Mehl, Käse und Cayennepfeffer vermischen. Butter hineinschnipseln, bis man eine krümelige Mischung erhält. Gleichmäßig Wasser darüberspritzen. Mit einer Gabel verrühren, bis auch die trockenen Zutaten feucht sind. Vier Kugeln daraus formen. Die Kugeln zudecken und kalt stellen.

Eine Teigkugel zu einem Rechteck von 25 x 17,5 cm glattstreichen (auf einer mit etwas Mehl bestreuten Fläche). Gleichmäßig mit einem Viertel der Paprikamischung bestreuen. Den Teig wie eine Biskuitrolle einrollen, dabei am längeren Ende beginnen. Die Enden zusammendrücken. Rolle in Wachspapier wickeln und mindestens 2 Stunden kalt stellen. Mit dem restlichen Teig und der übrigen Paprikamischung ebenso verfahren.

Rollen in gut $^1/_2$ cm dicke Scheiben schneiden. Auf ein leicht gefettetes Backblech legen. 11–12 Minuten bei 200 °C backen, bis die Ränder leicht gebräunt sind. Eine Minute auf dem Backblech abkühlen lassen, dann zum Auskühlen auf den Rost legen. Ergibt etwa 140 Stück.

Anmerkung: Adele macht das Gebäck schon zu Halloween und friert die Rollen in einem luftdichten Behälter ein. Dann taut sie sie ein wenig auf und bäckt sie nach Rezept.

»Du kannst deine Herkunft nicht verleugnen, Claudia!«

Beschwipst vom Eierpunsch

6 Eigelb
150 g Zucker
1 EL Vanillezucker
$^1/_4$ TL frischgeriebene Muskatnuß
1 l Milch
1 große Dose Kondensmilch (340 g)
1 große Dose gezuckerte Kondensmilch (340 g)
$^1/_8$ l dunkler Rum
$^1/_8$ l Brandy
geschlagene Sahne, gezuckert
frischgeriebene Muskatnuß

Eigelbe im Mixer bei mittlerer Geschwindigkeit verrühren, bis sie dickflüssig und hell sind. Nach und nach Zucker, Vanillezucker und $^1/_4$ Teelöffel Muskatnuß hinzugeben.
1 l Milch bei mittlerer Hitze in einem großen Kochtopf erhitzen. Eigelbmischung nach und nach hineingeben. Zum Kochen bringen und dabei ständig mit einem Schneebesen umrühren. Bis auf ca. 80°C erhitzen. Vom Herd nehmen und kalt stellen. Die Kondensmilch, Büchsenmilch, den Rum und den Brandy hineingeben. Zudecken und kalt stellen.
Vor dem Servieren jede Portion mit einem Sahnehäubchen verzieren und frischgeriebene Muskatnuß darüberstreuen.

Sellerie mit Käsefüllung

250 g Doppelrahm-Frischkäse, Zimmertemperatur
50–60 g geriebener Cheddar
1/2 Becher fettarmer Naturjoghurt (80 g)
2 EL gehackte Pecannüsse
2 EL Nelkenpfeffer
1/2 TL Senfpulver
1/4 TL Tabascosauce
1 Prise Pfeffer
30 Stangen Sellerie (7–8 cm)
Paprika

Die ersten drei Zutaten gut verrühren. Pecannüsse und die Gewürze dazugeben. Vorsichtig vermischen. Die Käsemischung gleichmäßig in die Selleriestangen geben, mit Paprika bestreuen. Zudecken und mindestens eine halbe Stunde kühlen. Ergibt 30 Stück.

Beerenstarker Apfelmost

1/2 l moussierender Apfelmost, gekühlt
375 ml Preiselbeersaft, gekühlt
200 ml Zitronensprudel, gekühlt
Garnierung: Preiselbeeren und Limettenscheiben

Die ersten drei Zutaten in einen Krug bzw. eine Kanne geben, gut verrühren. In Gläser gießen. Gegebenenfalls jedes Glas mit einer Preiselbeere und einer Limettenscheibe garnieren. Sofort servieren. Ergibt knapp 1/2 Liter.

1. Gang: Broccolisuppe

Fett zum Einfetten
1 mittelgroße Zwiebel, kleingehackt
750 g Broccoli, kleingeschnitten
1 Karotte, in dünne Scheiben geschnitten
1 l Geflügelbrühe (Extrakt)
1/4 l Wasser
3/4 TL Salz
1/2 TL Pfeffer
1/2 TL getrockneter Thymian
1/2 l fettarme Milch

Topf leicht einfetten und bei mittlerer Hitze heiß werden lassen. Zwiebeln hineingeben und unter ständigem Rühren erhitzen, bis sie weich sind. Broccoli, Karotten, Geflügelbrühe, Wasser, Salz, Pfeffer und Thymian dazugeben. Zum Kochen bringen. Zugedeckt bei niedriger Temperatur 15 Minuten auf kleiner Flamme köcheln lassen, bis das Gemüse zart ist. Topf vom Herd nehmen, etwas abkühlen lassen.

Die Hälfte der Broccolimasse in der Küchenmaschine pürieren. Dabei immer wieder das Gemüse abkratzen, das sich an den Seiten des Behälters festgesetzt hat. Mit dem Rest der Broccolimixtur ebenso verfahren. Wieder in den Topf füllen, Milch hineinrühren und bei mittlerer Hitze stark erhitzen. In Servierschälchen füllen, gegebenenfalls garnieren. Ergibt 8 Portionen à 1/4 Liter.

Anmerkung: Man kann die Suppe auch schon zwei Tage im voraus machen und kalt stellen. Vor dem Servieren stark erhitzen.

Dad's Fuzzy Navel

375 ml fettarme Milch
1 Dose Pfirsichhälften im eigenen Saft, abtropfen lassen
150 g Orangensaftkonzentrat
12 Eiswürfel
2 EL Aprikosenbrand
200 g Naturjoghurt, fettarm

Die ersten fünf Zutaten in den Elektromixer geben. Zu einer glatten Masse verrühren. Joghurt dazugeben, Joghurt unterziehen. In Gläser füllen und sofort servieren. Ergibt $^1/_2$ Liter.

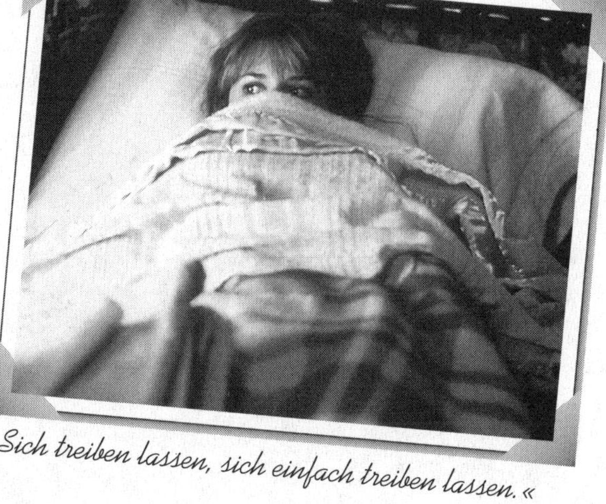

»Sich treiben lassen, sich einfach treiben lassen.«

Zeig der Familie den Vogel

Entrées

Der Festtagstruthahn würde längst nicht so gut schmecken, wenn sich sein herrlicher Duft nicht mit dem Parfum der Großtante mischen und sich nicht mit Mutters Tapete beißen würde. Wie das Leben eben manchmal spielt.

Adeles Riesenvieh

Fett zum Einfetten
1 Truthahn (5 kg)
2 TL Salz
2 TL Zitronenpfeffer
1 mittelgroße Zwiebel, geviertelt
1 Bund Petersilie
2 TL getrockneter Rosmarin
1 große Zwiebel, in Scheiben geschnitten
1 Karotte, in Scheiben geschnitten
1 Stange Sellerie, in Scheiben geschnitten
375 ml Hühnerbrühe
$^{1}/_{4}$ l trockener Weißwein
$^{1}/_{8}$ l Brandy oder Cognac
$^{1}/_{8}$ l Tomatensaft
3 EL Stärkemehl
100 ml Schlagsahne
1 TL Worcestersauce

Eine große Truthahnbratpfanne mit Alufolie auskleiden, die auf allen Seiten ca. 8 cm überhängen muß. Folie leicht einfetten. Pfanne beiseite stellen. Truthahninnereien und Hals entfernen. Beiseite legen. Truthahn waschen und trockentupfen.
Inneres mit Salz und Zitronenpfeffer bestreuen. Zwiebelviertel in den Hals, Petersilienstengel und 1 Teelöffel Rosmarin in das Hinterteil stecken. Beine und Schwanz zusammenbinden oder Beine unter Hautlasche am Schwanz stecken. Flügelspitzen hochheben und unter den Truthahn stecken.
Truthahn mit Brust nach oben in die Truthahnbratpfanne legen. Innereien, in Scheiben geschnittene Zwiebel, Karotte und Sellerie drumherum drapieren. Restlichen Rosmarin

über Innereien und Gemüse streuen. Hühnerbrühe und die folgenden drei Zutaten in einen mittelgroßen Kochtopf geben, stark erhitzen. Brühe über Truthahn schütten. Mit Alufolie abdecken, ohne daß die Folie mit dem Truthahn in Berührung kommt. Ränder der Alufolie zusammennehmen und einrollen, so daß der Truthahn darunter luftdicht abgeschlossen ist.

Im Backofen auf der untersten Schiene 1 1/2 Stunden bei 220 °C backen. Der Länge nach einen Schlitz in die Folie schneiden, Ränder auseinanderklappen. Das Fleischthermometer dort in den Schlegel stecken, wo das Fleisch am dicksten ist. Mit dem Knochen darf das Thermometer jedoch nicht in Berührung kommen. Fäden durchtrennen, mit dem die Schlegel am Bürzel festgebunden sind. Backofenhitze auf 200 °C reduzieren. Eine Stunde braten oder bis das Fleischthermometer 85 °C anzeigt. (Nicht bestreichen.)

Der Truthahn ist durch, wenn sich die Schlegel mühelos auf und ab bewegen lassen.

Bratensauce durch ein Sieb in einen mittelgroßen Tiegel gießen, Innereien und Gemüse beiseite legen. Stärkemehl und Schlagsahne verrühren. Nach und nach in die Bratensauce geben. Unter ständigem Rühren 1 Minute kochen. Vom Herd nehmen. Mit Worcestersauce abschmecken. Sauce zum Truthahn servieren. Ergibt 12–14 Portionen.

Truthahnrollbraten

300 g durchwachsener Speck, gewürfelt
5 Zwiebeln, gewürfelt
3 Packungen à 300 g tiefgefrorener Spinat, aufgetaut und abgetropft
2 Eier, verquirlt
250 g Ricottakäse
3/4 TL Knoblauchsalz
3/4 TL getrockneter Oregano
1/2 TL frischgemahlener Pfeffer
1 Truthahnbrust (2,5 kg)
80 g zerlassene Butter oder Margarine

Speck in einer großen Pfanne knusprig braten. Speck herausnehmen und abtupfen. Vom Fett 6–8 Eßlöffel zurückbehalten. Zwiebel zum Fett in die Pfanne geben. Unter ständigem Rühren weichkochen. Spinat dazugeben. Ohne Deckel fünf Minuten kochen, dabei häufig umrühren. Etwas abkühlen lassen.

Eier und Käse gut verrühren. Spinatmixtur, Speck, Knoblauchsalz, Oregano und Pfeffer dazugeben.

Haut von der Truthahnbrust abziehen. Truthahnbrust mit der Unterseite nach oben auf Plastikfolie legen. Von der Mitte aus waagerecht auf beiden Seiten durch das dickste Stück Fleisch der Truthahnbrust schneiden, fast bis zum äußersten Rand. Die durchgeschnittenen Teile nach außen klappen, um die Fläche zu vergrößern. Mit Plastikfolie abdecken und mit dem Fleischklopfer klopfen. Lose Teile auf dünnere Stellen legen.

Spinatmixtur auf Truthahnbrust verteilen, jedoch dabei den Rand frei lassen. Wie eine Biskuitrolle einrollen, dabei mit der kürzeren Seite beginnen. Die Enden mit Zahnstochern verschließen. Im Abstand von 5 cm fest mit starkem Zwirn umwickeln und zunähen. Mit der Naht nach unten auf den Rost eines Bräters legen. Truthahnrollbraten gleichmäßig mit Butter bestreichen. Zwei Stunden ohne Deckel bei 165 °C braten. Immer wieder mit Butter bestreichen. 15 Minuten stehenlassen. Zwirn entfernen. Rollbraten in Scheiben schneiden. Ergibt 10 bis 12 Portionen.

»Ihr habt mir versichert, daß er nicht kommen würde, Joanne. Darauf war ich nicht gefaßt. Das muß ich erst verkraften.«

Mit Kräuterbutter bestrichene Truthahnbrust

100 g Butter oder Margarine
50 ml Zitronensaft
2 EL feingeschnittene Frühlingszwiebeln
2 EL Sojasauce
1 TL getrockneter Salbei
1 TL getrockneter Thymian
1 TL getrockneter Majoran
$^{1}/_{2}$ TL Salz
$^{1}/_{4}$ TL Pfeffer
1 Truthahnbrust (2,5 kg)

Alle Zutaten außer der Truthahnbrust in eine Stielpfanne geben, zum Kochen bringen. Vom Herd nehmen und beiseite stellen. Truthahnbrust mit der Oberseite nach oben in einen leicht eingefetteten Bräter legen. Mit der Buttermischung bestreichen. Truthahnbrust mit Folie abdecken. Durch die Folie Fleischthermometer in die dickste Stelle der Truthahnbrust stecken, ohne daß das Thermometer mit dem Knochen in Berührung kommt. Zwei Stunden bei 165 °C braten oder bis das Thermometer ca. 80 °C anzeigt. Währenddessen immer wieder mit Butter bestreichen. Truthahnbrust auf Servierplatte anrichten. Ergibt 10 bis 12 Portionen.

Karree vom Schwein

1 Karree vom Schwein (4 kg)
1 TL Salz, $^1/_4$ TL Pfeffer
1 große Zwiebel, kleingeschnitten
2 EL zerlassene Butter oder Margarine
150 g Parboiled Reis
300 ml Wasser
$^1/_4$ TL Hähnchengewürz
100 g kleingeschnittene Trockenpflaumen
50 g getrocknete, kleingeschnittene Aprikosen
Zum Garnieren: Kumquats und Brunnenkresse

Karree mit $^1/_2$ Teelöffel Salz und 1 Prise Pfeffer würzen. Fleisch mit den Rippenenden nach oben auf eingefetteten Rost in einen flachen Bräter legen. Fleischthermometer hineinstecken, ohne daß es mit Fett oder Knochen in Berührung kommt. $1^1/_2$ Stunden bei 165 °C braten.
Zwiebel bei mittlerer Hitze in einer großen Pfanne in Butter unter ständigem Umrühren erhitzen, bis die Zwiebelmasse glasig ist. Reis, Wasser, $^1/_2$ Teelöffel Salz, etwas Pfeffer und Hähnchengewürz zu den Zwiebeln in die Pfanne geben. Gut vermengen. Reismischung zum Kochen bringen, vom Herd nehmen und zugedeckt 10 Minuten stehen lassen. Trockenpflaumen und getrocknete Aprikosen hineingeben.
Karree aus dem Backofen nehmen. Die Reismischung in das Innere der Krone füllen. Füllung und hervorstehende Rippenenden mit Alufolie abdecken. $2^1/_2$ Stunden bei 165 °C braten oder bis das Fleischthermometer ca. 80 °C anzeigt. Aus dem Backofen nehmen und auf Servierplatte anrichten. Rippenenden eventuell mit Kumquats, die Platte mit Brunnenkresse garnieren. Ergibt 8–12 Portionen.
Bratzeit: 25–30 Minuten pro 500 Gramm. Danach kann man sich auch bei kleineren Braten richten.

Räucherschinken mit Orangenglasur

1 gekochte Räucherschinkenhälfte (3,5 kg)
$^{1}/_{4}$ l Orangensaft
$^{1}/_{4}$ l Ginger Ale
100 g brauner Rohrzucker
2 EL Pflanzenöl
1 EL Weißweinessig
2 TL Senfpulver
$^{1}/_{2}$ TL gemahlener Ingwer
$^{1}/_{4}$ TL gemahlene Nelken

Fett bis auf 3–6 mm wegschneiden. Schinken in einen großen Plastikbeutel legen.
Orangensaft mit den restlichen Zutaten vermengen. $^{1}/_{2}$ l von der Masse über den Schinken gießen. Beutel verschließen, in eine flache Pfanne oder Schüssel legen. 8 Stunden in der Marinade liegen lassen, gelegentlich wenden. Die restliche Orangensaftmischung zugedeckt kalt stellen.
Schinken aus der Marinade nehmen, Marinade abgießen. Den Schinken mit der Schwarte nach oben auf den eingefetteten Rost in einem flachen Bräter legen. Fleischthermometer in den Schinken stecken, ohne daß es mit Fett oder Knochen in Berührung kommt. Bei 165 °C 2–2$^{1}/_{2}$ Stunden braten oder bis das Fleischthermometer 60 °C anzeigt. Alle 20 Minuten mit der zurückbehaltenen Orangensaftmischung bestreichen. (Wenn der Schinken zu dunkel wird, nach 1 Stunde locker mit Alufolie abdecken.) Ergibt 14 Portionen.

Zarte Rinderlende mit groben Pfefferkörnern

1 zartes Lendenstück
3 EL Dijonsenf
1 EL getrockneter Salbei
$1\frac{1}{2}$ EL grüne Pfefferkörner
$1\frac{1}{2}$ EL gemahlener schwarzer Pfeffer
$1\frac{1}{2}$ EL gemahlener weißer Pfeffer
2 EL Butter, Zimmertemperatur

Überschüssiges Fett von der Rinderlende abschneiden. Filet in der Mitte der Länge nach einschneiden, jedoch nicht ganz durchschneiden. Auseinanderklappen und glattstreichen. Mit Plastikfolie abdecken, Fleisch vorsichtig flachklopfen. Plastikfolie entfernen. Senf gleichmäßig auf dem Fleisch verstreichen. Mit Salbei, den grünen Pfefferkörnern und je $\frac{1}{2}$ Eßlöffel gemahlenem schwarzen und weißem Pfeffer bestreuen. Lendenstück wieder aufeinanderklappen und mit dickem Garn im Abstand von etwa 7–8 cm zusammenbinden. Die weiche Butter außen darüberstreichen und mit dem restlichen gemahlenen Pfeffer bestreuen.
Filet in leicht eingefetteten Bräter legen. Das Fleischthermometer in die dickste Stelle des Fleisches stecken. 30–45 Minuten bei 220 °C backen oder bis das Fleischthermometer 70 °C (medium-rare) oder 75 °C (medium) anzeigt. Vor dem Anschneiden etwa 10 Minuten stehen lassen. Ergibt 10–12 Portionen.

Adeles berühmter Hackbraten

750 g Rinderhack
500 ml Tomatensauce
100 g weiche Semmelbrösel
2 große Eier, verquirlt
2 EL getrocknete Röstzwiebeln
oder
2 EL gedünstete Zwiebeln
$^{3}/_{4}$ TL Salz
$^{1}/_{4}$ TL Pfeffer
2 TL getrocknete Petersilie
1 TL Worcestersauce

Rinderhackfleisch mit der Hälfte der Tomatensauce und den nächsten fünf Zutaten gut vermischen. Die Hackfleischmischung zu einem Laib formen. Auf den leicht eingefetteten Rost eines Bräters legen. 1 Stunde bei 180 °C braten.
Die restliche Tomatensauce, die Petersilie und die Worcestersauce gut verrühren. Die Flüssigkeit über den Hackbraten gießen, den Hackbraten weitere 5 Minuten braten. Ergibt 6 Portionen.

Henrys schnelle Frikadellen

Aus der Hackfleischmischung 6 einzelne Frikadellen formen und diese auf den leicht eingefetteten Rost eines Bräters legen. 25 Minuten bei 230 °C braten – je nachdem, wie Sie die Frikadellen wünschen. Wie den großen Hackbraten übergießen.

Paella vegetarisch

130 ml kochendes Wasser
$^{1}/_{4}$ TL Safran, Fett zum Einfetten
1 TL Olivenöl
2 EL zerdrückter Knoblauch
5 Frühlingszwiebeln
1 mittelgroße rote Paprika, gewürfelt
1 Glas Artischockenherzen (280 g), geviertelt
750 ml Gemüsebrühe (Instant)
225 g brauner Langkornreis, ungekocht
1 mittelgroße Tomate
2 TL süßes Paprikapulver
1 Dose (425 g) weiße italienische Bohnen
100 g kleingeschnittene Rucola
100 g tiefgefrorene Erbsen, aufgetaut
100 g frischgeriebener Parmesan
$^{1}/_{2}$ TL frischgemahlener Pfeffer

Safran in kochendes Wasser einrühren, zudecken und 10 Minuten ziehen lassen. Großen Topf leicht einfetten, Olivenöl dazugeben. Bei mittlerer Hitze Knoblauch hineingeben und unter ständigem Rühren eine Minute anbraten lassen. Frühlingszwiebeln, rote Paprikawürfel und Artischockenherzen dazugeben, 5 Minuten unter ständigem Rühren weiterbraten.
Tomate blanchieren, die Haut abziehen und würfeln. In das Safranwasser Brühe, Reis, Tomaten und Paprikapulver einrühren. Zum Kochen bringen und zugedeckt bei reduzierter Hitze 15 Minuten köcheln lassen. Danach Bohnen, Rucola und Erbsen hineingeben. Ohne Deckel kochen lassen, bis die Flüssigkeit aufgesogen und der Reis gar ist (15 Minuten). Vom Herd nehmen, 5 Minuten ziehen lassen. In eine Schüssel füllen, Käse und Pfeffer darüberstreuen. Ergibt 6 Portionen.

Joannes Schinken mit Aprikosenglasur

1 gekochte Räucherschinkenhälfte (4 kg)
ca. 40 Nelken
Fett zum Einfetten
1 Glas ungezuckerter Aprikosenaufstrich (250 g)
200 ml Orangensaft
1 EL Dijonsenf
$1\frac{1}{2}$ TL frischgeriebener Ingwer
1 Spritzer Tabascosauce

Haut abziehen und Fett wegschneiden. Den Schinken auf der Außenseite flach über Kreuz einschneiden, die entstandenen Vierecke mit den Gewürznelken spicken. Schinken auf einen eingefetteten Rost legen. Diesen in einem flachen Bräter plazieren. Fleischthermometer einführen, ohne daß es mit Fett oder Knochen in Berührung kommt. Eine Stunde bei 165 °C backen.

Den Aprikosenaufstrich mit den restlichen Zutaten verrühren. $\frac{1}{4}$ l davon beiseite stellen. Den Schinken leicht mit der Aprikosenmischung bestreichen und mit Alufolie abdecken. 2 Stunden bei 180 °C braten oder bis das Fleischthermometer 60 °C anzeigt. Alle 30 Minuten mit der Aprikosenmischung bestreichen.

Den zurückbehaltenen Teil der Mischung aufwärmen. Zum Schinken reichen. Ergibt 20 Portionen.

Schweinebraten mit Apfelglasur

1 Schweinerollbraten (1 kg)
Fett zum Einfetten
70 g Apfelgelee, erhitzt
2 TL Dijonsenf
1/2 TL Knoblauchpulver

Fett wegschneiden. Braten auf einen eingefetteten Rost in einen flachen Bräter legen.
Apfelgelee, Senf und Knoblauchpulver verrühren. Braten mit der Masse bestreichen. Fleischthermometer dort in den Braten stecken, wo das Fleisch am dicksten ist. Bei 165 °C 1 Stunde 55 Minuten braten oder bis das Fleischthermometer 70 °C anzeigt. Der Rollbraten muß immer wieder mit der Masse aus Apfelgelee, Senf und Knoblauch bestrichen werden. Vor dem Aufschneiden 10 Minuten stehen lassen. Ergibt 8 Portionen.

Anmerkung: Wer keine Lust mehr hat, die Reste kalt zu essen, kann sich den Schweinefleischsandwiches auf Seite 114 zuwenden.

Pfeffersteak im Schlafrock

1 große Zucchini, kleingeschnitten
150 g zerkleinerte frische Pilze
2 Zwiebeln, gehackt
1 zerdrückte Knoblauchzehe
$^{1}/_{4}$ TL Salz
Fett zum Einfetten
8 Rinderlendensteaks à 100 g
2 EL frisch gemahlener Pfeffer
16 Blatt tiefgefrorener Blätterteig, aufgetaut
Zum Garnieren: Tomatenrosetten und frische Petersilie

Die ersten fünf Zutaten in einer eingefetteten, beschichteten Pfanne bei mittlerer Hitze garen, bis sie weich sind. Vom Herd nehmen und beiseite stellen.
Die Steaks von beiden Seiten mit Pfeffer bestreuen und beiseite stellen. Eine beschichtete Pfanne leicht einfetten. Diese bei starker Hitze erhitzen. Steaks hineinlegen und auf jeder Seite 1$^{1}/_{2}$ Minuten braten. Aus der Pfanne nehmen und beiseite legen.
1 Blatt Blätterteig auf ein Küchenhandtuch legen. Den übrigen Blätterteig zugedeckt lassen. Das Stück Blätterteig einfetten. Der Länge nach auf die Hälfte zusammenklappen und ein Steak 8 cm vom Ende darauflegen. 2 Eßlöffel von der Gemüsemischung auf das Steak geben, zuerst das kurze Ende des Blätterteigs über die Füllung schlagen. Dann den Blätterteig von allen Seiten über das Steak schlagen und einrollen.
Ein zweites Blatt Blätterteig auf ein Küchenhandtuch legen, zu einem Quadrat von 30 cm ausrollen und einfetten. Das eingewickelte Steak mit der Gemüseseite nach oben mitten auf das Blätterteigquadrat legen. Die vier Ecken dieses rechteckigen Stückes Blätterteig zur Mitte hinziehen, dort zu-

sammennehmen und leicht aneinanderdrücken. Die Enden hoch und nach außen ziehen, damit das Ganze wie ein Päckchen aussieht. Leicht einfetten und auf ein eingefettetes Backblech legen. Bei den übrigen Steaks, dem restlichen Blätterteig und der Gemüsemischung nach der gleichen Methode vorgehen.
17 Minuten bei 200 °C backen bzw. braten (medium-rare). Will man sein Pfeffersteak im Schlafrock medium, muß es 20 Minuten im Backofen bleiben. Sofort servieren. Gegebenenfalls garnieren. Ergibt 8 Portionen.

»Das Essen ist toll. Schlagen wir uns voll.«
Tommys Tischgebet

Nahrhaftes Prachtvieh

1 Truthahn (5,5 kg)
6 Thymianzweige
4 Rosmarinzweige
4 Salbeizweige
1/2 TL Hähnchengewürz
1/4 TL Salz
1/4 TL Pfeffer
1 mittelgroße Zwiebel, geviertelt
2 Stangen Sellerie, in vier Teile geschnitten
Fett zum Einfetten
Zum Garnieren: Rosmarin-, Salbei- und Thymianzweige

Innereien und Truthahnhals entfernen. Truthahn abspülen und trockentupfen. Überschüssiges Fett entfernen. An der Halsöffnung beginnend Haut an Brust und Schlegeln lockern. Dazu mit einer Hand (Handfläche nach unten) darunterfahren. Man schiebt die Hand vorsichtig unter die Haut und stemmt sie leicht gegen das Fleisch des Truthahns, um die Haut zu lockern.
Bei jedem Unterschenkel 1 Thymianzweig unter die Haut stecken. An der Brust je 2 Thymian-, Rosmarin- und Salbeizweige unter die Haut stecken. Die Haut vorsichtig andrücken, damit die Zweige nicht verrutschen.
Hähnchengewürz, Salz und Pfeffer mischen. Truthahn innen mit der Hälfte der Mischung bestreuen. 2 der Zwiebelviertel, die 4 Selleriestücke und je 1 Zweig Thymian, Rosmarin und Salbei in den Truthahn geben. Bei der Halsöffnung genauso vorgehen. Flügel und Keulen des Puters mit Küchengarn am Körper festbinden (dressieren).
Den Truthahn mit der Brustseite nach oben in die eingefettete Fettpfanne (Unterschiene) im Backofen legen. Truthahn mit Fett bestreichen. Fleischthermometer so in das Fleisch

der Truthahnkeule stecken, daß es nicht mit dem Knochen in Berührung kommt. Alufolie lose über den Truthahn legen und ihn 2 Stunden bei 165 °C braten. Alufolie entfernen und eine weitere Stunde braten. Küchengarn durchschneiden, mit dem die Schlegel (Keulen) des Truthahns am Körper festgebunden sind. Nicht abgedeckt weitere 20 Minuten braten oder bis das Fleischthermometer 85 °C anzeigt. Den Truthahn dann lose mit Alufolie abdecken und 20 Minuten stehenlassen. Auf Servierplatte legen, eventuell garnieren. Ergibt 23 Portionen.

»Ich möchte nur etwas von meinen Süßkartoffeln und ein kleines Stück helles Fleisch – aber bitte ohne Haut.«

Großes Tranchierfest à la Tommy Larson

Bevor wir uns darüber auslassen, wie man einen Truthahn am besten tranchiert, wollen wir uns erst einmal vor Augen führen, wie das alles angefangen hat. Im Jahr 1620 trieben die Verfolgung aus religiösen Gründen, also die mangelnde Religionsfreiheit, und auch die drangvolle Enge so manchen Europäer in die Flucht. Sie gingen in Plymouth Rock an Land, wo auch der amerikanische Wagen der Marke »Plymouth« das Licht der Welt erblickte. Sie brauchten einen Namen, verwarfen »zusammengepferchte Menschenmassen« und »armseliger Abschaum der Menschheit« und entschieden sich aus unerfindlichen Gründen für »Pilgerväter«. Sie versahen ihre Hüte mit Spangen. Auch dafür gibt es keine einleuchtende Erklärung.

An Land gingen die mitgebrachten Lebensmittelvorräte irgendwann zu Ende, und die Pilgerväter sahen sich vom Hungertod bedroht. In dieser Notlage rief ein einfallsreicher Pilgervater in den Wald: »Hallo? Ist irgendein Geschöpf bereit, sich von hundert trunkenen Einwanderern braten und vertilgen zu lassen, die den Plymouth und damit die Autoindustrie Amerikas feiern wollen?« Nur der Truthahn, das blödeste aller Viecher, meldete sich freiwillig und rannte ins Verderben. Das Weitere ist bekannt.

Sicher wollen Sie als Autobesitzer dieser ehrwürdigen Tradition nicht das Wasser abgraben. So tranchiert man also einen Truthahn:

Erstens legt man den Truthahn mit der Brust nach oben auf eine große Platte. Am besten legt man ein paar Papierhandtücher unter das gute Tier, damit es nicht wegrutscht und einem Gast auf dem Schoß landet. Die Truthahnkeulen abnehmen, indem man die Haut zwischen Keule und Brust

durchtrennt und an der Keule zieht, bis das Gelenk knirscht und nachgibt. Genauso hat es sich angehört, als Sie versuchten, einen Kühlschrank hochzuheben.
Zweitens durchtrennt man das Gelenk, das Ober- und Unterschenkel verbindet. Wenn Sie das als beängstigend empfinden, sollten Sie bedenken, daß Chirurgen das mit Leuten machen, die lediglich betäubt sind. Dagegen haben Sie es gut, denn Ihr Patient hat schon das Zeitliche gesegnet, ihm kann nichts mehr passieren.
Drittens muß die Brust mittels der Tranchiergabel gesichert werden. Die Haut am Brustbein durchschneiden und entfernen. Das Tranchiermesser parallel zum Flügel ansetzen und die Brust bis zu den Rippen einschneiden. Dabei läuft Ihren Gästen garantiert schon das Wasser im Mund zusammen, und es ist langsam an der Zeit, sich im Scherz darüber auszulassen, wie das arme Tier tatsächlich umgekommen ist.
Viertens vom äußersten Rand der Brust den Truthahn in Scheiben schneiden. Sie können Ihre hungrigen Gäste mit extrem dünnen Scheiben martern. Eine Scheibe, die so dünn ist, daß man durch sie hindurch fast eine darunterliegende Zeitung lesen könnte, sollten Sie für Ihren arbeitslosen Schwager reservieren, der sich bei Ihnen eingenistet hat, bis er in die Atommüllversandbranche einsteigt.
Was bleibt, ist die unvermeidliche Resteverwertung. Wenn man bedenkt, wie wichtig dieser Festtag ist, sollten Sie die Reste vielleicht großmütig Ihrem Autohändler stiften. Schneiden Sie aber besser alles gleich in mundgerechte Stücke, damit er Ihnen nicht DM 100,– pro Arbeitsstunde berechnet.

Menschenskinder, essen wir doch endlich!

Sonstiges

Marshmallows als Garnierung bringen einen nicht gleich um, wenn man sie sich nur einmal pro Jahr zu Gemüte führt. Lächeln Sie beglückt. Murmeln Sie: »Köstlich!« So bleibt die Harmonie gewahrt, und die Familienmitglieder geraten sich nicht in die Haare.

Grüne Bohnen mit Dill

1 kg frische grüne Bohnen
2 TL Salz
100 g Frühlingszwiebeln, in Scheiben geschnitten
3 EL Pflanzenöl
1 EL Dill, kleingeschnitten
oder
1 TL getrockneter Dill
2 EL Rotweinessig
1 TL Senfpulver
$^{1}/_{4}$ TL frisch gemahlener Pfeffer
Zum Garnieren: frischer Dill

Bohnen waschen, Enden kappen, Fäden abziehen. In etwa 3 cm lange Stücke schneiden und beiseite stellen.
Wasser bis zu 3 cm Höhe in den Kochtopf geben und bei großer Hitze zum Kochen bringen. Bohnen ins Wasser schütten, salzen. Topf mit Deckel bedecken und bei reduzierter Hitze 10–12 Minuten köcheln lassen, bis die Bohnen noch etwas Biß haben.
Bohnen abtropfen lassen und wieder in den Topf schütten. Frühlingszwiebeln dazugeben und warmhalten.
Öl und die nächsten vier Zutaten vermengen, kräftig schütteln. Auf die Bohnen schütten und vorsichtig vermischen. Eventuell garnieren. Ergibt 8 Portionen.

Broccoliauflauf – ein Starrezept

2 Packungen à 300 g kleingeschnittener, tiefgefrorener Broccoli
1 Dose unverdünnte Champignoncremesuppe (400 ml)
100 g geriebener Cheddarkäse
3 EL Mayonnaise
2 große Eier, verquirlt
1 TL gehackte Zwiebeln
100 g Käsecrackerbrösel
Zum Garnieren: frische Petersilie

Die aufgetauten Broccoli zwischen Küchenpapier auspressen, damit sie möglichst trocken werden. Broccoli mit den nächsten fünf Zutaten vermengen. In eine eingefettete Auflaufform (2 l) geben. Mit Crackerbröseln bestreuen.
1/2 Stunde bei 180 °C im Backofen backen. Gegebenenfalls garnieren. Ergibt 6–8 Portionen.

Süßkartoffeln a l'Orange

8 mittelgroße Süßkartoffeln (ca. 2 kg)
2 EL geriebene Orangenschale
1/4 l Orangensaft
70 g Zucker
70 g Rohrzucker
3 EL zerlassene Butter oder Margarine
1 EL Stärkemehl
1/4 TL Salz

Die gewaschenen Süßkartoffeln in einen großen Topf legen. Wasser hineingeben, bis die Kartoffeln bedeckt sind. Wasser zum Kochen bringen und im geschlossenen Topf bei mittlerer Hitze 25–30 Minuten köcheln lassen, bis die Kartoffeln gar sind. Abkühlen lassen, bis man sich die Finger nicht mehr daran verbrennt. Kartoffeln schälen, in etwa 1,5 cm dicke Scheiben schneiden. Kartoffelscheiben in eine leicht eingefettete Auflaufform legen.
Die geriebene Orangenschale und die restlichen Zutaten in einen kleinen Kochtopf geben. Zum Kochen bringen und 1 Minute kochen lassen. Die Mischung über die Süßkartoffelscheiben schütten. 25 Minuten bei 180 °C ohne Deckel backen oder bis die Masse gründlich erhitzt ist. Ergibt 8 bis 10 Portionen.

Anmerkung: Adele findet das Rezept besonders gut, weil sie das Gericht schon im voraus zubereiten kann. Wenn Sie wollen, können Sie es auch laut Rezept zubereiten, ohne es jedoch in den Backofen zu schieben.
Decken Sie es zu, und kühlen Sie es bis zu 8 Stunden. Nehmen Sie es aus dem Kühlschrank, und lassen Sie es mit Deckel 20 Minuten stehen. Dann den Deckel abnehmen und laut Rezept im Backofen backen.

Kartoffelpüree mit Knoblauch

1,5 kg Kartoffeln (ungefähr 4 große Kartoffeln), geschält und geviertelt
200 g Doppelrahm-Frischkäse, Zimmertemperatur
$^{1}/_{8}$ l saure Sahne
4 EL Milch
2 EL Butter oder Margarine
3 zerdrückte Knoblauchzehen
1 EL zerlassene Butter oder Margarine
$^{1}/_{2}$ TL Paprikapulver

Kartoffeln 15 Minuten in Salzwasser kochen. Abtropfen lassen und mit einem Kartoffelstampfer zerstampfen. Kartoffeln, Frischkäse und die nächsten fünf Zutaten mit Hilfe der Küchenmaschine bei mittlerer Geschwindigkeit mixen, bis die Masse weich ist. Masse in eine leicht eingefettete Auflaufform geben (32 x 22 x 5 cm). Kartoffel-Käse-Masse mit zerlassener Butter bestreichen und mit Paprika bestreuen. 25 Minuten ohne Deckel bei 180 °C im Backofen backen bzw. gründlich erhitzen. Ergibt 6–8 Portionen.

Anmerkung: Auch dieses Rezept liegt Adele sehr, weil sie dabei schon Vorarbeit leisten kann. Sie deckt das Gericht zu und stellt es ungebacken bis zu 24 Stunden kalt. Bevor sie es dann in den Backofen schiebt, läßt sie es bei Zimmertemperatur noch 20 Minuten stehen.

Ambrosia-Karottensalat

500 g Karotten, geschabt und kleingeschnitten
$^{1}/_{4}$ l saure Sahne
1 Dose Ananas in Stücken, abgetropft
100 g Rosinen
100 g Kokosflocken
100 g Mini-Marshmallows
2 TL Honig

Alle Zutaten zusammengeben, gut vermengen. Zudecken und mindestens 2 Stunden kalt stellen. Ergibt 6–8 Portionen.

Alljährlicher Limettensalat zum Stürzen

1 Packung (150 g) weiße Gelatine
$^{1}/_{4}$ l kochendes Wasser
$^{1}/_{4}$ l kaltes Wasser
100 g Doppelrahm-Frischkäse, Zimmertemperatur
$^{1}/_{4}$ l Sahne, geschlagen
125 g Mini-Marshmallows
150 g gehackte Pecannüsse
1 Dose Ananas in Stücken (250 g), abgetropft
Salatblätter

Gelatine in kochendem Wasser auflösen, das kalte Wasser hineinrühren. Den Frischkäse im Elektromixer schlagen. Limettensaft unterrühren. Die Gelatine nach und nach dazugeben. Kalt stellen, bis die Masse die Konsistenz von ungeschlagenem Eiweiß hat. Schlagsahne und die nächsten drei Zutaten unterziehen. In eine flache, leicht eingefettete 1,5-l-Form geben. Zudecken und kühlen. Auf eine mit Salatblättern ausgelegte Platte stürzen. Ergibt 12 Portionen.

Kein Thanksgiving ohne Cranberrysalat

2 Packungen (à 100 g) Gelatine mit Himbeergeschmack
$^{1}/_{4}$ l kochendes Wasser
$^{1}/_{4}$ l kaltes Wasser
375 g frische Cranberries
150 g zerkleinerte Pecannüsse oder Walnüsse
2 große Orangen mit dünner Schale, entkernt und geviertelt
1 Karotte, geschabt und in 6 Stücke geschnitten
1 Dose Ananas in Stücken, abgetropft
150 g Zucker
Salatblätter
Karottenspiralen zum Garnieren

Gelatine in kochendes Wasser legen. Umrühren, bis sich die Gelatine auflöst. Kaltes Wasser hineingießen und kalt stellen, bis die Konsistenz von ungeschlagenem Eiweiß erreicht ist.

Cranberries und die nächsten drei Zutaten in einer Schüssel zerkleinern, bis alles fein gehackt ist. Ananasstücke und Zucker gründlich unterrühren. Die Cranberrymasse vorsichtig unter die Gelatine ziehen. In eine leicht geölte 1,5 l-Form geben. Zudecken und kalt stellen, bis die Masse fest ist. Auf eine mit Salatblättern ausgelegte Platte stürzen und eventuell garnieren. Ergibt 8 Portionen.

Notfalls können Sie die Cranberries auch durch Preiselbeeren aus dem Glas ersetzen.

Brotfüllung mit Austern

1 Weißbrot (500 g)
1/4 Pfund Hühnermägen
3/4 l Wasser
200 g kleingeschnittene Zwiebeln
75 g Sellerie, kleingeschnitten
1/2 grüne Paprikaschote, kleingeschnitten
1 Bund Petersilie, fein gehackt
2 zerdrückte Knoblauchzehen
50 g zerlassene Butter oder Margarine
250 g mageres Hackfleisch vom Rind
125 g Hackfleisch vom Schwein
125 g Hühnerleber, fein gehackt
1 TL Weizenmehl
1/2 TL Salz
1/4 TL schwarzer Pfeffer
1/4 TL gemahlener Cayennepfeffer
1 Spritzer Tabascosauce
3 Dosen Austern (à 300–350 g), nicht abgetropft

Brot der Länge nach durchschneiden und mit der Schnittfläche nach oben auf ein Backblech legen. 15–20 Minuten bei 180 °C backen oder bis das Brot leicht gebräunt ist. Abkühlen lassen und zu ca. 3 cm großen Stücken zerbrechen. In eine große Schüssel legen und beiseite stellen.
Hühnermägen mit Wasser in einen Kochtopf geben. Mit Deckel bei mittlerer Hitze 45 Minuten köcheln, bis die Hühnermägen durch sind. Hühnermägen aus dem Topf nehmen und 3/8 l von der Brühe aufbewahren. Hühnermägen kleinschneiden und beiseite stellen. Butter in einer großen Pfanne erhitzen. Zwiebeln und die nächsten vier Zutaten bei mittlerer Hitze unter ständigem Rühren weichkochen. Die Hühnermägen, das Hackfleisch von Schwein und Rind

sowie die Hühnerleber hineingeben und bei mittlerer Hitze braten, bis das Fleisch nicht mehr rosa ist. Rühren, damit das Hackfleisch keine Klumpen bildet.
Die $^{3}/_{8}$ l Hühnerbrühe hineingießen, bei schwacher Hitze eine halbe Stunde kochen, bis die Hühnerbrühe auf ca. $^{1}/_{8}$ l verkocht ist. Mehl und die nächsten vier Zutaten hineinrühren. 10 Minuten köcheln lassen.
Masse auf das Brot löffeln. Austern und Flüssigkeit zu der Brotmasse geben. Miteinander verrühren. Masse in eine gründlich eingefettete Auflaufform geben (32 x 22 x 5 cm). Ohne Deckel 30–40 Minuten bei 180 °C backen. 5 Minuten stehenlassen. Ergibt 8 Portionen.

Maismehlfüllung

180 g Maismehl, 150 g Löffelbiskuits
6 fein gehackte Zwiebeln
4 Stangen Sellerie, kleingeschnitten
3 EL zerlassene Butter
$1^{1}/_{4}$ l Hühnerbrühe, 5 große Eier, verquirlt
$1^{1}/_{2}$ TL zerriebener Salbei, $1^{1}/_{2}$ TL Pfeffer, $^{3}/_{4}$ TL Salz

Maismehl nach den Angaben auf der Packung in heißes Salzwasser einrühren und aufquellen lassen. Kalt werden lassen. Die Mischung soll ziemlich fest werden. Maismehl mit den Biskuits in eine große Schüssel bröckeln. Beiseite stellen.
Zwiebeln und Sellerie in Butter bei mittlerer Hitze glasig dünsten, dabei ständig rühren, bis sie weich sind. Zwiebelmischung, Brühe und restliche Zutaten zu der Maismehlmischung geben. Alles gut vermischen. In eine ausgefettete Form (32 x 22 x 5 cm) füllen. Bei 180 °C 55 Minuten backen, bis es goldbraun ist. Ergibt 8–10 Portionen.

Cranberry-Orangen-Relish

700 g frische Cranberries oder
2 Gläser Preiselbeeren (abgetropft)
400 g Zucker, 1/8 l Wasser
1/8 l Orangensaft, 50 g geröstete Mandelsplitter

Die ersten vier Zutaten zusammengeben und zum Kochen bringen. Bei niedriger Hitze 10 Minuten unter gelegentlichem Umrühren köcheln lassen. Zudecken und kalt stellen. Mandelsplitter kurz vor dem Servieren hineinrühren. Ergibt 2 Gläser Relish.

Tabbouli-Pfanne

1 TL Olivenöl
150 g Bulgur, ungekocht
1/2 grüne Paprikaschote, kleingeschnitten
3 Frühlingszwiebeln, in Stücke geschnitten
1 zerdrückte Knoblauchzehe
1/2 l Wasser
2 TL Zitronensaft
1/4 TL Salz, 1/8 TL Pfeffer
1/4 Tl getrockneter Majoran
1 gelbe Zucchini, kleingeschnitten
3 kleine Tomaten, kleingeschnitten

Öl in einer Pfanne erhitzen. Bulgur und die nächsten drei Zutaten hineingeben. Unter ständigem Rühren 3 Minuten kochen. Die nächsten fünf Zutaten in die Pfanne geben. Zudecken und 15 Minuten kochen. Gelbe Zucchini und Tomaten hineinrühren, Pfanne wieder zudecken und weitere 5 Minuten kochen. Ergibt 10 Portionen.

Pasta e Fagioli

200 g getrocknete weiße Bohnenkerne
2 l Wasser
Fett zum Einfetten
1 TL Olivenöl
2 fein gehackte rote Zwiebeln
1 Stange Sellerie
1 Knoblauchzehe, zerdrückt
2 TL frische Rosmarinnadeln, kleingeschnitten
2 TL frischer Salbei, kleingeschnitten
2–3 Tomaten, geschält, entkernt und feingehackt
$^1/_4$ TL Salz
1 TL Pfeffer
250 g kurze Makkaroni
200 g frischer Spinat, grob geschnitten

Bohnen aussortieren und waschen. In einen Topf schütten, Wasser dazugießen (5 cm höher als die Bohnen). Bohnen im geschlossenen Topf 8 Stunden einweichen. Abtropfen lassen und abspülen.
Bohnen mit 2 l Wasser in einen Topf geben, zum Kochen bringen. In geschlossenem Topf bei reduzierter Hitze 1 Stunde köcheln lassen. Bohnen ohne Wasser im Mixer pürieren und wieder in den Topf geben.
Eine große beschichtete Pfanne leicht mit Öl einfetten. Bei mittlerer Hitze erhitzen. Zwiebeln und die nächsten vier Zutaten dazugeben. Unter ständigem Rühren 5 Minuten kochen lassen. Zwiebeln, Tomaten, Salz und Pfeffer an die Bohnen geben. Bei niedriger bis mittlerer Hitze 15 Minuten kochen. Makkaroni hineingeben und unter häufigem Umrühren weitere 20 Minuten kochen. Spinat hinzufügen und 2 Minuten auf dem Herd lassen bzw. bis der Spinat gegart ist. Ergibt 8 Portionen.

Brotfüllung Neuengland

1500 g in Würfel geschnittenes Weißbrot (1–2 cm)
2 EL Margarine
6 Stangen Sellerie, geschnitten
4 kleine Zwiebeln, feingehackt
2 EL Wasser
1 EL Zucker
$2\frac{1}{2}$ TL Hähnchengewürz
$\frac{3}{4}$ TL getrocknetes Basilikum
$\frac{1}{4}$ TL Salz
$\frac{1}{4}$ TL geriebene Muskatnuß
$\frac{1}{4}$ TL Pfeffer
$\frac{1}{4}$ l salzarme Hühnerbrühe
1 großes Eis, verquirlt
Fett zum Einfetten

Brotwürfel auf ein großes Backblech legen. Bei 165 °C 20 Minuten backen bzw. bis die Brotwürfel getoastet sind. Beiseite stellen.

Margarine bei mittlerer Hitze in einer großen Pfanne zerlassen. Sellerie, Zwiebeln und Wasser hineingeben. Bei geringer Hitze mit Deckel 15 Minuten kochen, bis Zwiebeln und Sellerie weich sind. Pfanne vom Herd nehmen, Zucker und die nächsten 5 Zutaten hineinrühren.

Brotwürfel, Selleriemischung, Brühe und Ei in eine Schüssel geben, gut verrühren. Die Mischung in eine eingefettete 2-l-Back- bzw. Auflaufform geben. Ohne Deckel 35 Minuten bei 165 °C im Backofen backen. Ergibt 8 Portionen.

Sämige Sauce aus Geflügelinnereien mit Salbei

1 TL Pflanzenöl
75 g Truthahnleber
$^{1}/_{4}$ l Truthahn-Bratensauce, Fett abschöpfen
3 EL Weizenmehl
400 ml fettarme Milch
$^{1}/_{8}$ l Kondensmilch
$1^{1}/_{2}$ TL Margarine
1 TL gehackter Salbei
1 kleine, gehackte Knoblauchzehe
2 EL frische, gehackte Petersilie
1 TL würziger Senf, $^{1}/_{2}$ TL Salz

Öl in einer beschichteten Pfanne bei mittlerer Hitze erhitzen. Truthahnleber in die Pfanne geben und unter ständigem Rühren 5 Minuten braten oder bis sie gar ist. Aus der Pfanne nehmen und beiseite stellen. Bratensauce in die Pfanne geben, zum Kochen bringen. Mit einem hölzernen Kochlöffel umrühren, um wieder loszulösen, was sich in der Pfanne festgesetzt hat. Vom Herd nehmen. Leber zerkleinern und beiseite stellen.

Mehl in eine Schüssel geben. Milch nach und nach hineingießen, mit einem Schneebesen mit dem Mehl verrühren und beiseite stellen. Margarine bei mittlerer Hitze in einem großen Tiegel erhitzen. Salbei und Knoblauch hineingeben, unter ständigem Rühren 1 Minute erhitzen. Die Milchmischung – ebenfalls unter ständigem Rühren – dazugeben. Bratensaft und Leber hineinrühren, unter ständigem Rühren zum Kochen bringen. Herd herunterschalten und die Sauce 2 Minuten ohne Deckel köcheln lassen (bis die Sauce eingedickt ist.) Vom Herd nehmen, Petersilie, Senf und Salz hineinrühren. Ergibt knapp 1 Liter.

Glasierte Karotten

500 g in dünne Scheiben geschnittene Karotten
1/4 l ungesüßter Ananassaft
1/4 l Wasser
2 TL geriebene Zitronenschale
75 g Sultaninen
2 TL Diätmargarine
1 TL Vanillezucker
1/2 TL gemahlene Muskatblüte

Die ersten vier Zutaten in einem Topf vermengen und zum Kochen bringen. Hitze reduzieren und im geschlossenen Topf 10–12 Minuten köcheln lassen, bzw. bis die Karotten gar sind. Vom Herd nehmen, abtropfen lassen, 63 ml von der Flüssigkeit zurückbehalten. Diese Flüssigkeit und die restlichen Zutaten mit den Karotten verrühren. Ergibt 8 Portionen.

Zuckermais – Knabberkörner

die Körner von ungefähr 12 frischen Maiskolben
$^{3}/_{8}$ l Wasser
4 Frühlingszwiebeln, fein geschnitten
$^{1}/_{2}$ kleine grüne Paprika, kleingeschnitten
2 EL frisches Basilikum, kleingeschnitten
2 EL Weißweinessig
$^{1}/_{2}$ TL Zucker
$^{1}/_{4}$ TL Salz
$^{1}/_{4}$ TL gemahlener weißer Pfeffer
1 Spritzer Tabascosauce
Zum Garnieren: frisches Basilikum

Maiskörner, Wasser, Frühlingszwiebeln und grüne Paprika in einen mittelgroßen Topf geben. Zum Kochen bringen, dann bei kleinerer Hitze ohne Deckel 20 Minuten köcheln lassen. Gehacktes Basilikum und die nächsten fünf Zutaten hineingeben. 10 Minuten köcheln lassen, bzw. bis die Maiskörner weich genug sind. In eine Schüssel füllen und eventuell garnieren. Mit einer Schöpfkelle servieren. Ergibt 12 Portionen.

Beschwipstes Kartoffelgratin

2 große Gemüsezwiebeln (ca. 500 g)
Fett zum Einfetten
2 TL Pflanzenöl
ca. $^{3}/_{8}$ l süßer Marsala
1 TL getrockneter Thymian
1200 g große festkochende Kartoffeln, geschält und in dünne Scheiben geschnitten
2 EL Weizenmehl
$^{3}/_{4}$ TL Salz
$^{1}/_{8}$ l entrahmte Milch
2 TL geriebener Parmesan

Zwiebeln der Länge nach halbieren und jede Hälfte quer in relativ dünne Scheiben schneiden. Öl in einen großen Topf geben und bei mittlerer Temperatur erhitzen. Zwiebeln ebenfalls in den Topf geben und unter ständigem Rühren 10 Minuten dünsten. Wein hineingießen und unter häufigem Rühren 20 Minuten köcheln lassen, bis die Flüssigkeit fast aufgesogen ist. Topf vom Herd nehmen, Thymian hineinrühren und beiseite stellen.
Kartoffelscheiben 8 Minuten in kochendem Wasser kochen, bzw. bis sie weich genug sind. Abtropfen lassen. Kaltes Wasser über die Kartoffelscheiben gießen, abtropfen lassen.
Ein Drittel der Kartoffelscheiben in eine 30 x 20 x 5 cm große Auflaufform geben. Die Hälfte der Zwiebelmischung mit einem Löffel darauf verteilen. Es folgt wieder eine Schicht Kartoffelscheiben, dann wieder eine Schicht Zwiebeln. Die oberste Schicht müssen Kartoffelscheiben bilden.
Mehl mit Salz in eine Schüssel schütten. Nach und nach Milch dazugießen. Mit einem Quirl glatt verrühren. Diese Mischung gleichmäßig über die Kartoffelscheiben gießen, diese mit Parmesan bestreuen. Die Auflaufform mit Alu-

folie abdecken, die Folie an drei Stellen 3 cm lang einschneiden. Bei 180 °C 45 Minuten backen, dann die Alufolie entfernen und weitere 15 Minuten backen. Ergibt 7 Portionen.

»Misch' dich nicht in Dinge ein, von denen du keine Ahnung hast.«

Passend für jede Gelegenheit

Brot und Brötchen, Kuchen und Gebäck

Sagen Sie niemals nein, wenn Sie ein Brötchen oder ein Stück Brot angeboten bekommen, auch wenn sie gar nicht die Absicht haben, es zu essen. Falls es zur Schlacht am kalten Büffet kommt, eignet es sich optimal als Wurfgeschoß. Aber Vorsicht, kein Nußbrot! Wie leicht könnte man damit jemandem ein Auge ausschlagen!

Hörnchen, frisch aus dem Kühlschrank

100 g Zucker, $^{1}/_{4}$ l Buttermilch
150 g Butter oder Margarine, 1 TL Salz
200 g gekochte, pürierte Kartoffeln
2 Päckchen Trockenbackhefe
4 EL warmes Wasser (40–45 °C), 2 große Eier
650–750 g Mehl, zerlassene Butter oder Margarine

Die ersten vier Zutaten in einem Topf erwärmen, bis die Butter geschmolzen ist. Vom Feuer nehmen; pürierte Kartoffeln unterrühren. Auf 45–40 °C abkühlen lassen. Hefe in einer großen Rührschüssel in warmem Wasser auflösen; 5 Minuten stehen lassen. Kartoffelmasse, Eier und 300 g Mehl hineingeben und mit dem elektrischen Handrührgerät bei mittlerer Geschwindigkeit glattrühren. Unter weiterem Rühren so viel Mehl hinzufügen, bis ein geschmeidiger Teig entsteht. Teig auf ein bemehltes Backbrett legen und kneten, bis er glatt und elastisch ist (8 Minuten). In eine gefettete Schüssel geben, wenden, damit auch die Oberseite eingefettet wird. Teig zugedeckt 3 Stunden kalt stellen, bis er sein Volumen verdoppelt hat. (Kann im Kühlschrank bis zu 1 Woche aufbewahrt werden.)
Teig abschlagen und in drei Teile teilen. Erstes Drittel auf dem bemehlten Backbrett zu einer kreisrunden Fläche von 25 cm Durchmesser ausrollen, mit zerlassener Butter bepinseln. In zwölf Dreiecke teilen; jeden Teigstreifen vom breiteren Ende her aufrollen. Auf ein gefettetes Backblech setzen, mit der Nahtseite nach unten. Mit dem restlichen Teig ebenso verfahren oder zudecken und im Kühlschrank bis zu 1 Woche aufbewahren. Teig nochmals zugedeckt an einem warmen (29 °C), vor Zugluft geschützten Ort 50 Minuten gehen lassen, bis er sein Volumen verdoppelt hat. Bei 220 °C 6 Minuten goldbraun backen. Ergibt 36 Stück.

Adeles Riesenvieh (Rezept S. 26)
Cranberry-Orangen-Relish (Rezept S. 54)
Süßkartoffeln à l'orange (Rezept S. 48)
Grüne Bohnen mit Dill (Rezept S. 46)

Nahrhaftes Prachtvieh (Rezept S. 40)

Beerenstarker Apfelmost (Rezept S. 21)

Beschwipstes Kartoffelgratin (Rezept S. 60)

Chili »Weißer Blitz« (Rezept S. 102)

Grüne Bohnen mit Dill (Rezept S. 46)

Hörnchen, frisch aus dem Kühlschrank (Rezept S. 64)

Käse-Kräuter-Brot (Rezept S. 65)

Stollen à la Larson (Rezept S. 76)

Kirsch-Himbeer-Pie (Rezept S. 82)

Herbstliche Kürbis-Pie (Rezept S. 82)

Preiselbeereis (Rezept S. 99)

Käse-Kräuter-Brot

1/4 l Milch, 3 EL Zucker
2 EL Butter oder Margarine
1 1/2 TL Salz
2 Päckchen Trockenbackhefe
1/4 l warmes Wasser (40–45 °C)
1 großes Ei, verquirlt
750–800 g Mehl
knapp 250 g geriebener kräftiger Cheddar
3/4 TL getrocknetes Basilikum
1/2 TL zerriebene Salbeiblätter

Die ersten vier Zutaten in einem Topf erwärmen, bis die Butter geschmolzen ist. Auf 45–40 °C abkühlen lassen. Hefe in einer großen Schüssel in warmem Wasser auflösen; 5 Minuten stehen lassen. Milchgemisch, Ei und 300 g Mehl dazugeben und glattrühren. Käse und Kräuter hinzufügen; soviel Mehl dazugeben, bis ein geschmeidiger Teig entsteht. Zugedeckt 10 Minuten ruhen lassen.
Teig auf ein leicht bemehltes Backbrett geben; kneten, bis er glatt und elastisch ist (8–10 Minuten). In eine gefettete Schüssel geben und wenden, damit auch die Oberseite eingefettet wird. Teig zugedeckt an einem warmen (29 °C), vor Zugluft geschützten Ort 45 Minuten gehen lassen, bis er sein Volumen verdoppelt hat.
Teig abschlagen; in zwei Hälften teilen. Aus jeder Teighälfte einen Stollen formen und in zwei gefettete Kastenformen (22 cm lang) setzen. Zugedeckt an einem warmen, vor Zugluft geschützten Ort 30 Minuten gehen lassen, bis der Teig sein Volumen verdoppelt hat. Bei 190 °C 30 Minuten backen; beim Beklopfen muß das Brot hohl klingen. Sofort aus der Form nehmen; auf einem Kuchengitter auskühlen lassen. Ergibt 2 Brote.

Zuckerstangen-Brot

250 g getrocknete Aprikosen, kleingeschnitten
$^{1}/_{2}$ l kochendes Wasser
2 Becher (400 g) Sauerrahm
60 g Zucker
50 g Butter oder Margarine
1$^{1}/_{2}$ TL Salz
2 Päckchen Trockenbackhefe
125 ml warmes Wasser (40–45 °C)
2 große Eier
800–850 g Mehl
250 g kleingeschnittene Maraschino-Kirschen
50 g zerlassene Butter oder Margarine
125 g gesiebter Puderzucker
1 EL und 1–2 TL Milch
Zum Verzieren: kandierte Kirschhälften

Aprikosen mit kochendem Wasser zugedeckt 1 Stunde ziehen stehen lassen. Gut abtropfen lassen und beiseite stellen. Sauerrahm, Zucker, 50 g Butter und Salz in einen schweren Topf geben; bei schwacher Hitze rühren, bis die Butter geschmolzen ist. Auf 45–40 °C abkühlen lassen. Hefe in einer großen Rührschüssel in warmem Wasser auflösen; 5 Minuten stehen lassen. Sauerrahmmischung, Eier und 300 g Mehl hinzugeben und bei niedriger Geschwindigkeit mit dem elektrischen Handrührgerät glattrühren. Soviel Mehl hinzufügen, bis ein geschmeidiger Teig entsteht.
Auf ein leicht bemehltes Backbrett geben; kneten, bis der Teig glatt und elastisch ist (8–10 Minuten). In eine gefettete Schüssel geben, wenden, damit auch die Oberseite eingefettet wird. Teig zugedeckt an einem warmen (29 °C), vor Zugluft geschützten Ort 1 Stunde gehen lassen, bis er sein Volumen verdoppelt hat.

Teig abschlagen; in drei gleich große Teile teilen. Die Teile auf einem leicht bemehlten Backbrett zu 37,5 x 15 cm großen Rechtecken ausrollen. Auf gefettete Backbleche legen. Mit dem Messer in die lange Seite der Teigrechtecke in 1,25 cm großem Abstand rechts und links 5 cm lange Schnitte machen, so daß in der Mitte ein 5 cm breiter Streifen bleibt. Aprikosen und Maraschino-Kirschen vermischen, im Mittelstreifen der Teigrechtecke verteilen. Die Streifen diagonal so über die Fruchtfüllung legen, daß ein Flechtmuster entsteht; den Teig behutsam auf etwa 55 cm Länge auseinanderziehen. Das eine Ende umbiegen wie bei einem Spazierstock.

Bei 190 °C 15 Minuten goldbraun backen. Die Brote mit zerlassener Butter bepinseln; abkühlen lassen. Puderzucker mit Milch glattrühren, so daß eine dickflüssige Masse entsteht, die Brote damit überziehen. Nach Belieben garnieren. Ergibt 3 Brote.

»Ich rapple mich auf ... geb mir einen Tritt in den Hintern ... und fang ganz von vorne an.«

Brot mit Schokoladenstückchen

1/8 l Wasser
50 g Butter oder Margarine
50 g Zucker
1 Päckchen Trockenbackhefe
4 EL warmes Wasser (40–45 °C)
450 g Mehl
3 EL Kakaopulver
3/4 TL Salz
1/8 TL gemahlener Zimt
2 große Eier
1 TL Vanillezucker
100 g Schokoladenstückchen (Zartbitter)
Glasur

Die ersten drei Zutaten in einem Topf erhitzen, bis die Butter geschmolzen ist. Auf 45–40 °C abkühlen lassen. Hefe in einer großen Rührschüssel in warmem Wasser auflösen; 5 Minuten stehen lassen. Buttermasse, 300 g Mehl, Kakaopulver, Salz, Zimt, Eier und Vanillezucker hinzugeben; bei niedriger Geschwindigkeit mit dem elektrischen Handrührgerät 30 Sekunden rühren, dann 3 Minuten bei mittlerer Geschwindigkeit weiterrühren. Nach und nach so viel Mehl unterrühren, bis ein geschmeidiger Teig entsteht.
Teig auf ein leicht bemehltes Backbrett legen; kneten, bis er glatt und elastisch ist (8–10 Minuten). In eine gefettete Schüssel geben; wenden, damit auch die Oberseite eingefettet wird. Teig zugedeckt an einem warmen (29 °C), vor Zugluft geschützten Ort 1 Stunde gehen lassen, bis er sein Volumen verdoppelt hat.
Teig abschlagen, auf ein bemehltes Backbrett geben; Rechtecke von 45 x 25 cm ausrollen. Schokoladenstückchen darauf verteilen und sanft in den Teig drücken. Rechtecke von

der Schmalseite her aufrollen. Die vorstehenden Enden einknicken und mit der glatten Seite nach oben in eine gefettete Kastenform (22 cm lang) setzen. Teig zugedeckt an einem warmen, vor Zugluft geschützten Ort 45 Minuten gehen lassen, bis er sein Volumen verdoppelt hat. Bei 175 °C 30 Minuten backen; das Brot muß beim Beklopfen hohl klingen. Sofort aus der Form nehmen; auf einem Kuchengitter auskühlen lassen. Mit Glasur überziehen. Ergibt 1 Brotlaib.

Glasur

140 g gesiebter Puderzucker
1 1/2 EL Milch
1/2 TL Vanillezucker

Zutaten vermischen und gut verrühren. Ergibt etwa 1/2 Tasse.

Zitronen-Liebesknoten

$^1/_4$ l Milch
60 g Zucker
100 g Butter oder Margarine
1 TL Salz
1 Päckchen Trockenbackhefe
4 EL warmes Wasser (40–45 °C)
2 große Eier
5 EL Milch
1 EL abgeriebene Schale von 1 unbehandelten Zitrone
700–750 g Mehl
150 g gesiebter Puderzucker
1–2 EL Milch
1 TL abgeriebene Schale von 1 unbehandelten Zitrone

Die ersten vier Zutaten in einem Topf erhitzen, bis die Butter geschmolzen ist. Auf 45–40 °C abkühlen lassen. Hefe in einer großen Rührschüssel in warmem Wasser auflösen; 5 Minuten stehen lassen. Milchgemisch, Eier, 4 Eßlöffel Milch, 1 Eßlöffel abgeriebene Zitronenschale und 400 g Mehl hinzugeben und bei mittlerer Geschwindigkeit mit dem elektrischen Handrührgerät glattrühren. Nach und nach so viel Mehl hinzufügen, bis ein geschmeidiger Teig entsteht. Zugedeckt 10 Minuten ruhen lassen.
Teig auf ein leicht bemehltes Backbrett geben; kneten, bis der Teig glatt und elastisch ist (etwa 5 Minuten). In eine gefettete Schüssel geben, wenden, damit auch die Oberseite eingefettet wird. Teig zugedeckt an einem warmen (29 °C), vor Zugluft geschützten Ort 1–1$^1/_2$ Stunden gehen lassen, bis er sein Volumen verdoppelt hat.
Teig abschlagen; zudecken und weitere 15 Minuten ruhen lassen. Zu einem Rechteck von 48 x 25 cm ausrollen. In 24 (10 x 2 cm große) Streifen schneiden. Streifen zu Rollen

formen und zu einem lockeren Knoten zusammenlegen. Auf ein gefettetes Backblech legen. Zugedeckt an einem warmen, vor Zugluft geschützten Ort weitere 35 Minuten ruhen lassen, bis der Teig sein Volumen verdoppelt hat. Bei 200 °C 10–12 Minuten goldbraun backen.

Puderzucker mit 1 Eßlöffel Milch und einem Teelöffel abgeriebene Zitronenschale vermischen und gut verrühren. Wenn nötig, mehr Milch hinzufügen, so daß eine dickflüssige Masse entsteht. Die Liebesknoten damit bepinseln. Ergibt 24 Stück.

Merry Muffins

280 g Mehl, 2 TL Backpulver
1/2 TL Salz, 100 g Zucker
100 g gemahlene Pekannüsse
1 großes Ei, verquirlt
200 ml Milch, 80 ml Pflanzenöl
60 ml Schokoladenmixgetränk
40 g kleingeschnittene Maraschino-Kirschen
Puderzucker (nach Belieben)

Die ersten fünf Zutaten in einer großen Schüssel gut verrühren; in die Mitte eine Vertiefung drücken. Ei, Milch und Pflanzenöl vermischen und über die trockene Masse gießen; kurz verrühren.

Teig in zwei Hälften teilen; Schokoladenmixgetränk in die eine, die Kirschen in die andere Hälfte rühren. Jeweils etwa 1 Eßlöffel des Schokoladenteigs und 1 Eßlöffel des Kirschteigs in die ausgefetteten Muffin-Förmchen geben. Bei 200 °C 15 Minuten goldbraun backen. Sofort aus der Form nehmen. Nach Belieben mit Puderzucker bestäuben. Ergibt 14 Muffins.

Zimt-Rosinen-Kekse

225 g Doppelrahm-Frischkäse
200 g weiche Butter
200 g weiche Margarine
850 g Mehl
Puderzucker
Rosinenfüllung

Frischkäse, Butter und Margarine in einer großen Rührschüssel vermischen und bei mittlerer Geschwindigkeit mit dem elektrischen Handrührgerät glattrühren. Mehl hinzufügen und gut verrühren. Teig in vier gleich große Teile teilen. Einen Teil auf einem leicht mit Puderzucker bestäubten Backbrett zu einem Rechteck von 30 x 22,5 cm ausrollen; in 12 (7,5 cm große) Quadrate schneiden. Auf jedes Quadrat 2 Teelöffel Rosinenfüllung geben, dabei einen gut 1 cm breiten Rand lassen; aufrollen und mit der glatten Seite nach oben auf ein gefettetes Backblech setzen.
Bei 190°C 20 Minuten leicht gebräunt backen. Auf einem Kuchengitter auskühlen lassen. Mit restlichem Teig und Füllung ebenso verfahren. Ergibt etwa 50 Stück.

Rosinenfüllung

150 g Rosinen
1/4 l heißes Wasser
250 g gemahlene Pekannüsse
150 g Zucker
1 1/2 TL gemahlener Zimt

Rosinen im Wasser 15 Minuten quellen, dann abtropfen lassen. Rosinen, Pekannüsse, Zucker und Zimt vermischen; gut verrühren. Ergibt 3 Tassen.

Hinweis: Manchmal friert Adele auch die Kekse vor dem Backen in einer luftdichten Plastikdose ein. Sie taut sie dann bei Zimmertemperatur auf und backt sie im Ofen, wie im Rezept angegeben.

Biskuit-Muffins zum Schwärmen

200 g Mehl
$2\frac{1}{2}$ TL Backpulver
$\frac{1}{4}$ TL Salz
1 Becher (200 g) fettarmer Sauerrahm
1 großes Ei, verquirlt
1 EL Pflanzenöl
Für die Form: Butter oder Margarine

Die ersten vier Zutaten in einer mittelgroßen Schüssel vermischen; in die Mitte eine Vertiefung drücken. Sauerrahm, Ei und Öl verrühren und über die Trockenmasse gießen; kurz verrühren. Die gefetteten Muffin-Förmchen zu zwei Drittel mit Teig füllen. Bei 200°C 15 Minuten hellbraun backen. Sofort aus der Form nehmen. Ergibt 12 Muffins.

Vollkorn-Kürbis-Muffins

140 g Weizenschrot
150 ml Buttermilch
100 g gekochter, pürierter Kürbis
4 EL Pflanzenöl
1 großes Ei, verquirlt
1 TL abgeriebene Schale von 1 unbehandelten Orange
100 g Vollkornmehl
100 g Mehl
1 TL Backpulver
1/8 TL Salz
1 TL gemahlener Zimt
60 g Zucker
Für die Form: Butter oder Margarine
1 EL Zucker
1/4 TL gemahlener Zimt

Weizenschrot und Buttermilch in eine Schüssel geben; 5 Minuten quellen lassen. Kürbis, Öl, Ei und abgeriebene Orangenschale dazugeben; gut verrühren. Mehl und die weiteren sechs Zutaten in eine große Schüssel geben; in die Mitte eine Vertiefung drücken. Buttermilchmischung darübergießen und kurz verrühren (die Masse wird dick).
Die eingefetteten Muffin-Förmchen zu zwei Drittel mit dem Teig füllen. 1 Eßlöffel Zucker mit 1/4 Teelöffel Zimt verrühren und über die Muffins verteilen. Bei 200 °C 15–20 Minuten goldbraun backen. Ergibt 12 Muffins.

Cranberry-Orangen-Brot

280 g Vollkornmehl
100 g Zucker
35 g Magermilchpulver
2 TL Backpulver
1/4 TL Salz
50 g zerlassene Margarine
2 große Eier, verquirlt
1/4 l Orangensaft
50 g gemahlene Walnüsse
225 g frische Cranberries, kleingehackt
Für die Form: Butter oder Margarine

Die ersten sechs Zutaten in eine große Schüssel geben; in die Mitte eine Vertiefung drücken. Margarine, Eier und Orangensaft verquirlen und auf die trockene Masse gießen; kurz verrühren; Walnüsse und Cranberries unterrühren.
Masse in eine ausgefettete Kastenform (21 cm Länge) geben. Bei 175°C 1 Stunde backen; zur Garprobe mit einem spitzen Hölzchen in die Mitte des Gebäcks stechen, beim Herausziehen darf kein Teig daran kleben. Kastenform auf Kuchengitter 10 Minuten abkühlen lassen, aus der Form nehmen und auskühlen lassen. Ergibt 18 Scheiben.

Stollen à la Larson

50 g fein gewürfeltes Orangeat
50 g grob gehackte kandierte rote Kirschen
50 g Korinthen
50 g Rosinen
2 EL Cognac
1 EL Vanillezucker
1/8 l Magermilch (1,5 % Fett)
50 g und 1 EL Zucker (getrennt)
2 EL Margarine
1 Päckchen Trockenbackhefe
2 EL warmes Wasser (40–45 °C)
350 g Mehl
1 TL abgeriebene Schale von 1 unbehandelten Zitrone
1/2 TL gemahlene Muskatnuß
1 großes Ei
80 g geröstete Mandelblättchen
Für die Form: Butter oder Margarine
70 g gesiebter Puderzucker
2 TL Magermilch (1,5 % Fett)

Orangeat, Kirschen, Korinthen, Rosinen, Cognac und Vanillezucker in eine kleine Schüssel geben; 2 Stunden ruhen lassen, gelegentlich umrühren. Abtropfen lassen und beiseite stellen.

125 ml Milch bei mittlerer Hitze in einem schweren Topf auf 80°C erwärmen; auf dem Feuer lassen, bis sich am Rand ein leichter Schaum bildet. (Nicht kochen lassen.) Vom Feuer nehmen; 50 g Zucker und die Margarine hinzufügen; rühren, bis die Margarine geschmolzen ist. Abkühlen lassen. Hefe und 1 Teelöffel Zucker in einer großen Rührschüssel in 2 Eßlöffel warmem Wasser auflösen; 5 Minuten stehen lassen. Milchgemisch, 150 g Mehl und die nächsten drei-

Zutaten hinzufügen. Bei niedriger Geschwindigkeit mit dem elektrischen Handrührgerät 2 Minuten glattrühren. Weitere 150 g Mehl in zwei Teilen unterrühren, so daß ein geschmeidiger Teig entsteht.

Auf ein leicht bemehltes Backblech geben. Kneten, bis der Teig glatt und elastisch ist (etwa 8 Minuten); eßlöffelweise so viel Mehl hinzufügen, bis er nicht mehr klebt.

Früchtemischung, Mandeln und 1 Eßlöffel Mehl gut vermengen. In zwei Teilen in den Teig kneten; weiter eßlöffelweise so viel Mehl hinzukneten, bis der Teig nicht mehr klebt. Teig in eine große gefettete Schüssel geben, wenden, damit auch die Oberseite eingefettet wird. Zugedeckt an einem warmen (29 °C), vor Zugluft geschützten Ort 1 Stunde gehen lassen, bis er sein Volumen verdoppelt hat.

Teig abschlagen, 5 Minuten ruhen lassen. Auf ein leicht bemehltes Backbrett geben, zu einem 30 x 20 cm großen Rechteck ausrollen. 1 1/2 Teelöffel Zucker darüberstreuen. Teig der Länge nach übereinanderschlagen, dabei einen 1,5 cm breiten Rand lassen; Ränder festdrücken. Mit dem restlichen 1/2 Teelöffel Zucker bestreuen. Teig mit der glatten Seite nach unten auf ein gefettetes Backblech setzen.

Zugedeckt an einem warmen (29 °C), vor Zugluft geschützten Ort 30 Minuten gehen lassen, bis er sein Volumen verdoppelt hat. Bei 175 °C 20 Minuten backen; Temperatur auf 150 °C herunterschalten und weitere 15 Minuten backen; der Stollen muß beim Beklopfen hohl klingen. Auf einem Kuchengitter auskühlen lassen.

Puderzucker und 2 Teelöffel Milch glattrühren, den Stollen damit überziehen. Ergibt 26 Scheiben.

Italienische Dinner-Brötchen

2 Päckchen Trockenbackhefe
2 EL Zucker
0,5 l warmes Wasser (40–45 °C)
600 g Mehl
100 g geriebener Parmesan
1 TL italienische Kräutermischung
$^1/_2$ TL Salz
1 TL Maismehl

Hefe mit Zucker in einer großen Rührschüssel in warmem Wasser auflösen; 5 Minuten stehen lassen. 600 g Mehl, geriebenen Käse, italienische Gewürzmischung und Salz vermischen. Zwei Drittel dieser Mischung zu der aufgelösten Hefe in die Schüssel geben und bei mittlerer Geschwindigkeit mit dem elektrischen Handrührgerät gut verrühren. So viel von der restlichen Mehlmischung hinzugeben, bis ein geschmeidiger Teig entsteht. Zugedeckt 15 Minuten stehen lassen.

Ein Backbrett mit 2 Eßlöffel Mehl gleichmäßig bestäuben, Teig darauf kneten, bis er glatt und elastisch ist (8–10 Minuten); falls nötig, den restlichen Eßlöffel Mehl hineinkneten.

Teig in 20 gleich große Portionen teilen; jede zu einer Kugel formen. Auf ein ungefettetes, mit 1 Teelöffel Maismehl bestreutes Backblech legen. In jede Kugel mit einer Rasierklinge oder einem scharfen Messer vorsichtig einen etwa $^1/_2$ cm langen Schnitt machen.

Zugedeckt an einem warmen (29 °C), vor Zugluft geschützten Ort 35 Minuten gehen lassen, bis der Teig sein Volumen verdoppelt hat. Einen Tiegel (etwa 30 cm Durchmesser, 20 cm hoch) mit kochendem Wasser auf die unterste Schiene des Backofens stellen. Das Backblech in die mittlere

Schiene schieben. Bei 200 °C 15 Minuten goldgelb backen. Vom Backblech nehmen und auf einem Kuchengitter auskühlen lassen. Ergibt 20 Brötchen.

»Es war ... tja, was war es eigentlich? Ein Feiertagsalptraum voller Glückseligkeit.«

Jedes Jahr aufs Neue: Verführung durch süße Genüsse

Desserts

»Bitte! Auf keinen Fall, José.
Ich kann nicht mehr. Sei nicht albern.
Ich weiß, daß du dich am Herd abgeschuftet
hast, und es ist meine Lieblingsspeise –
vielleicht in ein paar Stunden …«

Pie-Teig, Grundrezept

125 g Mehl
60 g Butter oder Margarine
3 EL Butter in Flöckchen
3 EL Eiswasser

Aus den Zutaten einen Mürbeteig kneten und 60 Minuten im Kühlschrank ruhen lassen.

Herbstliche Kürbis-Pie

Pie-Teig (Rezept siehe oben)
500 g gekochter, pürierter Kürbis
1 Dose (340 g) Kondensmilch
2 große Eier, verquirlt
200 g Zucker
40 g Mehl
1 TL Vanillezucker
1/2 TL Salz
1/2 TL gemahlener Piment
1/2 TL gemahlener Zimt
1/2 TL gemahlener Ingwer
1/4 TL gemahlene Nelken
1/4 TL gemahlene Muskatnuß
1/4 l Sahne
2 EL Honig
2 EL fein gemahlene, geröstete Pekannüsse

Die Hälfte des Pie-Teiges auf leicht bemehltem Backbrett 3 mm dick ausrollen. Eine Pie-Form (26 cm Durchmesser) mit dem Teig auslegen; den restlichen Teig ebenfalls 3 mm dick ausrollen; Blattformen ausschneiden oder mit Förmchen ausstechen; mit der stumpfen Seite eines Messers Blattadern einzeichnen. Den Rand der Pie-Form mit den Teigblättern auslegen, 6 kleine Blätter zum Garnieren übrig lassen.

Kürbis mit den nächsten elf Zutaten in einer großen Schüssel vermischen und mit dem Schneebesen verquirlen. Kürbismasse in die Form gießen. Bei 220 °C 15 Minuten backen; Temperatur herunterschalten und weitere 35–45 Minuten backen; wenn man mit einem Messer in die Mitte sticht, darf kein Teig daran kleben. Falls nötig, auf den Rand Alufolie legen, damit er nicht zu braun wird. Pie aus dem Ofen nehmen und auf einem Kuchengitter vollständig auskühlen lassen.

Die übriggelassenen Teigblätter auf ein ungefettetes Backblech legen. Bei 230 °C 6–8 Minuten hellbraun backen. Auf ein Kuchengitter legen und auskühlen lassen.

Sahne mit dem Mixer sehr steif schlagen; Honig unterheben. Pie mit der gesüßten Sahne verzieren. Gemahlene Pekannüsse über der Sahne verteilen und mit den kleinen Teigblättern verzieren. Ergibt 1 Pie (26 cm Durchmesser).

Limetten-Pie

80 ml Limettensaft
1 Dose (400 g) gesüßte Kondensmilch
50 g gesiebter Puderzucker
1 1/2 TL abgeriebene Schale von 1 unbehandelten Zitrone
1 Pie-Teig (Rezept siehe S. 82)
3 Eiweiß
1/4 TL Créme fraîche
50 g und 2 EL Zucker
Für die Form: Butter oder Margarine
Zum Verzieren: Schokoladenstückchen mit buntem Zuckerguß

Limettensaft nach und nach in die gesüßte Kondensmilch rühren; Puderzucker und abgeriebene Limettenschale hinzufügen. Pie-Form (22 cm Durchmesser) mit Butter ausstreichen, Teig 5 mm dick ausrollen und Boden sowie Rand der Form mit der Teigplatte auskleiden; Form beiseite stellen.

Eiweiß und Creme fraîche mit dem elektrischen Handrührgerät bei Höchstgeschwindigkeit 1 Minute rühren. Zucker eßlöffelweise dazugeben und schlagen, bis die Masse steif und der Zucker aufgelöst ist (2–4 Minuten). Die Schaummasse sorgfältig über die Füllung streichen. Bei 160 °C 25–30 Minuten goldgelb backen. Auf einem Kuchengitter auskühlen lassen; kühl stellen. Nach Belieben verzieren. Ergibt 1 Pie (22 cm Durchmesser).

Beschwipste Pekannuß-Pie

100 g zerlassene Butter oder Margarine
200 g Zucker
250 ml Sirup (Ahornsirup oder ähnliches)
3 EL Bourbon Whiskey
4 große Eier, verquirlt, 1 TL Vanillezucker
1/4 TL Salz, Pie-Teig (Rezept siehe S. 82)
150–200 g Pekannüsse, halbiert
Für die Form: Butter oder Margarine

Butter, Zucker und Sirup in einen mittelgroßen Topf geben, bei mittlerer Hitze und unter ständigem Rühren so lange kochen, bis der Zucker aufgelöst ist. Etwas abkühlen lassen. Bourbon, Eier, Vanillezucker und Salz hinzufügen und gut verrühren.

Pie-Form (22 cm Durchmesser) mit Butter ausstreichen, Teig 5 mm dick ausrollen und Boden sowie Rand der Form mit der Teigplatte auskleiden. Füllung in die Form geben und mit Pekannüssen garnieren. Bei 160 °C 50–55 Minuten backen. Warm oder kalt servieren. Ergibt 1 Pie (22 cm Durchmesser).

Kirsch-Himbeer-Pie

1 Glas (450 g) entsteinte Kirschen, nicht abgetropft
1 Packung (300 g) tiefgefrorene Himbeeren, aufgetaut
200 g Zucker
40 g Stärkemehl
50 g Butter oder Margarine
1/4 TL Bittermandelöl
1/4 TL flüssige rote Lebensmittelfarbe
1 TL Mehl
Pie-Teig (Rezept siehe S. 82)
Für die Form: Butter oder Margarine
Zum Verzieren: frische Himbeeren und Puderzucker

Kirschen und Himbeeren gemeinsam abtropfen lassen, 250 ml Abtropfsaft zurückbehalten; Früchte beiseite stellen. Zucker und Speisemehl in einen mittelgroßen Topf geben, nach und nach den zurückbehaltenen Abtropfsaft unterrühren. Bei mittlerer Hitze und unter ständigem Rühren erhitzen, bis die Masse zu kochen beginnt. 1 Minute kochen lassen, dabei ständig rühren. Vom Feuer nehmen; Butter, Bittermandelöl und Lebensmittelfarbe unterrühren. Die abgetropften Früchte vorsichtig unterheben; langsam abkühlen lassen.

Eine Pie-Form (22 cm Durchmesser) mit Butter ausstreichen, zwei Drittel des Teiges 4 mm dick ausrollen und Boden sowie Rand der Form damit auslegen. Füllung eingießen. Restlichen Pie-Teig ebenfalls ausrollen. Mit Backförmchen (6 cm groß) oder Teigrädchen 5 Blätter ausstechen und mit einem Messer Blattadern einzeichnen; beiseite legen. Restlichen Teig in 1,5 cm dicke Streifen schneiden und wie die Stengel einer Pflanze über die Füllung legen.

Die Teigblätter darauf anordnen. Bei 190 °C 45 Minuten backen. Auf einem Kuchengitter auskühlen lassen. Nach Belieben verzieren. Ergibt 1 Pie (22 cm Durchmesser)

»Man muß eben was riskieren, so ist das Leben …«

Zitronen-Himbeer-Kuchen

200 g Butter oder Margarine
350 g Zucker
4 große Eier
420 g gesiebtes Mehl
2 1/2 TL Backpulver
1/2 TL Salz
1/4 l Milch
1 TL Bittermandelöl
1 TL Vanillezucker
1 Glas (300 g) Himbeerkonfitüre (ohne Kerne)
Zitronen-Buttercreme-Glasur
Für die Form: Butter oder Margarine
Zum Verzieren: kleingeschnittene Zitronenscheiben

3 runde Kuchenformen (jeweils 22 cm Durchmesser) ausfetten; den Rand mit Backpapier auslegen. Backpapier einfetten und mit Mehl bestäuben. Formen beiseite stellen.
Butter in einer großen Rührschüssel mit dem elektrischen Handrührgerät bei mittlerer Geschwindigkeit schaumig schlagen; nach und nach Zucker hinzufügen, dabei ständig weiterrühren. Eier nacheinander unterrühren. Mehl mit Backpulver und Salz vermischen; Mehlgemisch abwechselnd mit der Milch bei niedriger Geschwindigkeit in die Fettmischung rühren, am Anfang und am Schluß Mehlmischung hinzufügen. Bittermandelöl und Vanillezucker hinzugeben.
Teig in die vorbereiteten Formen gießen. Bei 190 °C 18–20 Minuten backen; zur Garprobe mit einem spitzen Hölzchen in die Mitte des Gebäcks stechen, beim Herausziehen darf kein Teig daran kleben. In der Form auf Kuchengittern 10 Minuten auskühlen lassen; aus der Form nehmen und auf Gittern ganz auskühlen lassen.

Die Kuchen einmal waagerecht durchschneiden, so daß sich insgesamt 6 Hälften ergeben. 1 Schicht mit der angeschnittenen Seite nach oben auf eine Kuchenplatte legen und mit 3 Eßlöffel Himbeerkonfitüre bestreichen. Mit den restlichen 5 Schichten ebenso verfahren, die oberste Schicht jedoch nicht bestreichen.
1 Tasse der Glasur beiseite stellen, mit der restlichen Glasur den Kuchen oben und an den Seiten überziehen. Nach Belieben mit einer Spritztülle verzieren. Im Kühlschrank in einer luftdicht verschlossenen Dose aufbewahren. Ergibt 1 Kuchen mit 6 Schichten.

Zitronen-Buttercreme-Glasur

250 g weiche Butter oder Margarine
2 TL abgeriebene Schale von 1 unbehandelten Zitrone
3 EL Zitronensaft
400 g gesiebter Puderzucker

Die ersten drei Zutaten in einer kleinen Rührschüssel mit dem elektrischen Handrührgerät bei mittlerer Geschwindigkeit schaumig rühren. Nach und nach Puderzucker hinzufügen und so lange schlagen, bis die Glasur dickflüssig ist. Ergibt 1 Tasse.

Weißer Ambrosia-Kuchen

200 g weiche Butter oder Margarine
380 g Zucker
4 große Eier
400 g gesiebtes Mehl
2 1/2 TL Backpulver
1/2 TL Salz
250 ml Milch
1 TL Butter-Vanille-Aroma
1 TL Vanillezucker
Orangenfüllung
Glasur
100 g Kokosflocken

Butter in einer großen Rührschüssel mit dem elektrischen Handrührgerät bei mittlerer Geschwindigkeit schaumig schlagen; nach und nach Zucker hinzufügen, dabei weiterrühren. Eier unter Rühren einzeln dazugeben. Mehl, Backpulver und Salz vermischen; zur Butter-Ei-Zucker-Mischung abwechselnd Mehlmischung und Milch, am Anfang und am Schluß Mehlmischung hinzufügen, dabei bei niedriger Geschwindigkeit ständig rühren. Butter-Vanille-Aroma und Vanillezucker unterrühren.
Teig in drei gefettete und bemehlte runde Kuchenformen (je 22 cm Durchmesser) füllen. Bei 175 °C 20–25 Minuten backen; zur Garprobe mit einem spitzen Hölzchen in die Mitte des Gebäcks stechen, beim Herausziehen darf kein Teig daran kleben. Auf Kuchengittern 10 Minuten abkühlen lassen; aus der Form nehmen und auf Gittern ganz auskühlen lassen.
Die Schichten aufeinanderlegen, jede Schicht mit Orangenfüllung bestreichen. Oberfläche und Seiten gleichmäßig mit Glasur überziehen. Ergibt 1 Kuchen mit 3 Schichten.

Orangenfüllung

200 g Zucker, 3 EL Stärkemehl
200 ml Orangensaft, 50 ml Zitronensaft
80 ml Wasser
3 Eigelb (Eiweiß wird für die Glasur benötigt)
1 EL abgeriebene Schale von 1 unbehandelten Orange

Zucker und Stärkemehl in einen kleinen Topf geben. Orangen- und Zitronensaft mit Wasser mischen und zur Zucker-Stärkemehl-Mischung geben. Unter ständigem Rühren zum Kochen bringen, 1 Minute kochen lassen.
Eigelb schaumig rühren. Nach und nach ein Viertel der heißen Masse in den Eigelbschaum rühren; das Ganze zu der restlichen heißen Masse in den Topf geben. Unter ständigem Rühren 1 Minute kochen lassen. Abgeriebene Orangenschale hinzufügen. Abkühlen lassen. Ergibt etwa 2 Tassen.

Schneeweiße Glasur

300 g Zucker, 1/2 TL Créme fraîche
1/8 l Wasser, 3 Eiweiß
1/2 TL Vanillezucker

Die ersten drei Zutaten in einem schweren Topf bei mittlerer Hitze und unter ständigem Rühren zum Kochen bringen. Wenn die Masse klar ist, ohne Umrühren weiterkochen lassen, bis die Masse 115 °C erreicht hat (mit Zuckerthermometer prüfen). Eiweiß mit dem elektrischen Handrührgerät schaumig schlagen. Bei laufendem Mixer die dickflüssige Sirupmasse einfließen lassen. Vanillezucker hinzugeben; weiterschlagen, bis der Schaum Spitzen bildet und die Glasur dick zu werden beginnt. Ausreichend für 1 dreischichtigen Kuchen.

Hazel Radant's kinderleichte Fruchtpastete

- Backofen auf 175 °C vorheizen
- Backblech auf einer quadratischen Fläche von 7 cm Seitenlänge einfetten. (Die Form des Backblechs spielt keine Rolle.)
- Eine Dose Fruchtpastetenfüllung öffnen und mit einem Platsch auf das geschmierte Backblech plumpsen lassen.
- Masse mit der Rückseite eines großen Löffels glattstreichen, diesen dann sauber ablecken. Falls nötig, nochmals glattstreichen.
- Angerührte Kuchenbackmischung Ihrer Wahl 5 mm dick gleichmäßig auf der Pastetenfüllung verteilen. Keine Scheu vor Klumpen. Das Ganze darf ruhig einer Mondlandschaft ähneln.
- Zerkleinerte Pekan- oder Walnüsse nach Belieben darüberstreuen; außerordentlich empfehlenswert wegen der geballten Ladung an zusätzlichen Kalorien.
- Zeigefingerlange Butterstückchen auf der fiktiven Mondlandschaft verteilen.
- Bei 175 °C so ... ach, keine Ahnung, vielleicht 20 Minuten goldbraun backen.
- Dampfend heiß mit einem Klacks Eiscreme servieren. (Bloß nicht das Rezept verraten!)
- Ausreichend für 6 normale Personen oder 4 Radants.

Hazel Radant ist die kinderleicht kochende Mutter von Christine Radant, der Verfasserin kinderleicht zu lesender Sätze in diesem Buch und Autorin der Erzählung »Home for the Holidays«.

Preiselbeerecken

100 g weiche Butter oder Margarine
1 Packung (200 g) Marzipan-Rohmasse
200 g Zucker
2 große Eier
450 g Mehl
$^{1}/_{4}$ TL Salz
2 Gläser (250 g) Himbeer-Preiselbeer-Fruchtaufstrich

Butter und Rohmarzipan mit dem elektrischen Handrührgerät bei mittlerer Geschwindigkeit glattrühren; Zucker und Eier unter ständigem Rühren dazugeben. Mehl und Salz mischen; nach und nach zu der Marzipanmasse geben, dabei weiterrühren. 2 Tassen Teig beiseite stellen.
Den restlichen Teig auf ein leicht gefettetes Backblech geben. Fruchtaufstrich darüber verteilen, glattstreichen und kalt stellen.
Den zurückbehaltenen Teig zwischen zwei Schichten Backpapier 3 mm dick ausrollen. Auf ein Backblech legen; 15 Minuten kalt stellen. Herausnehmen und oberes Backpapier abziehen; mit einem Backförmchen etwa 3,5 cm große Formen ausstechen, diese dann auf der Fruchtschicht verteilen. Bei 175°C auf der untersten Schiene im Ofen 40 Minuten hellbraun backen.
Auskühlen lassen und in Stücke schneiden. Bis zu 3 Tagen in luftdicht verschlossener Dose aufbewahren. Ergibt etwa 50 Stück.

Hinweis: Adele verwendet als Fruchtaufstrich Knott's Berry Farm Light Raspberry and Cranberry Fruit Spread.

Geflochtene Zuckerstangen

150 g weiche Butter oder Margarine
200 g Zucker, 3 große Eier
1 EL Vanillezucker, 550 g Mehl
1 EL und $^{1}/_{2}$ TL Backpulver
1 Eiweiß, verquirlt
Zum Verzieren: bunter Zucker

Butter mit dem elektrischen Handrührgerät bei mittlerer Geschwindigkeit schaumig schlagen; unter ständigem Rühren nach und nach Zucker, Eier und Vanillezucker hinzufügen. Mehl und Backpulver mischen, nach und nach unterrühren.

Teig vierteln. Jedes Viertel nochmals in 14 Teile teilen, jedes Teil zu einer 23 cm langen Wurst rollen. Jede Wurst in der Mitte knicken und ineinanderdrehen, dann einen Spazierstock formen; mit Eiweiß bestreichen und mit buntem Zucker bestreuen.

In 5 cm Abstand auf ein ungefettetes Backblech setzen; bei 175 °C 15–18 Minuten backen, bis die Ränder braun zu werden beginnen. Auf einem Kuchengitter vollständig auskühlen lassen. Ergibt etwa 50 Stück.

Bourbon Brownies

200 g Zucker
200 g Butter oder Margarine
60 g Wasser
350 g Zartbitterschokolade, zerkleinert
$\frac{1}{8}$ l Bourbon Whiskey
2 TL Vanillezucker
4 große Eier, verquirlt
200 g Mehl, $\frac{1}{2}$ TL Backpulver
$\frac{1}{2}$ TL Salz
300 g gemahlene Wal- oder Pekannüsse
100 g weiche Butter oder Margarine
300 g gesiebter Puderzucker
1 TL Vanillezucker
50 g Zucker-Schoko-Glasur

Die ersten drei Zutaten in einem Topf zum Kochen bringen. Vom Feuer nehmen; Schokoladenstückchen und die beiden folgenden Zutaten dazugeben und verrühren, bis die Schokolade geschmolzen ist. Eier unter Rühren einzeln hinzufügen. Mehl, Backpulver und Salz mischen; zur Schokoladenmasse geben und gut verrühren. Gemahlene Nüsse unterrühren. Teig auf ein gefettetes Backblech streichen. Bei 160 °C 15–20 Minuten backen; auf dem Blech auf einem Kuchengitter abkühlen lassen.
100 g Butter, Puderzucker und 1 Teelöffel Vanillezucker vermischen; mit dem elektrischen Handrührgerät bei mittlerer Geschwindigkeit glattrühren. Über die Brownies streichen; abdecken und kalt stellen.
Zucker-Schoko-Glasur schmelzen lassen, die Brownies damit bestreichen. Zudecken und kalt stellen, bis die Glasur fest ist. In 5 cm große Quadrate schneiden. Ergibt etwa 36 Stück.

Festlicher Obstkuchen

4 EL Cognac
200 g Orangensaftkonzentrat
150 g kleingeschnittene frische Himbeeren
1 Packung (225 g) entsteinte und kleingeschnittene Datteln
150 g gemahlene Pekannüsse
2 Eier
1 Dose (225 g) ungesüßte Ananasstückchen, abgetropft
1 EL abgeriebene Schale von 1 unbehandelten Orange
1 TL Vanillezucker
300 g Mehl
$1^{1}/_{4}$ TL Backpulver
$^{1}/_{4}$ TL Salz
$^{1}/_{2}$ TL gemahlener Zimt
$^{1}/_{4}$ TL gemahlene Muskatnuß
$^{1}/_{4}$ TL gemahlener Piment
Für die Form: Butter oder Margarine
$^{1}/_{8}$ l Cognac
3 EL Apfelgelee

Die ersten drei Zutaten in eine große Schüssel geben; 1 Stunde stehen lassen.

Datteln und die nächsten fünf Zutaten vermischen; in die Himbeermischung einrühren. Mehl mit den nächsten fünf Zutaten vermischen. In die Frucht-Dattel-Nuß-Mischung geben und gut verrühren. Masse in eine Kastenform füllen; bei 160 °C 45 Minuten backen; zur Garprobe mit einem spitzen Hölzchen in die Mitte des Gebäcks stechen; beim Herausziehen darf kein Teig mehr daran kleben. In der Form 20 Minuten abkühlen lassen; herausnehmen und auf einem Kuchengitter vollständig auskühlen lassen.

125 ml Cognac zum Kochen bringen; abkühlen lassen. Mehrere Schichten Gaze mit dem Cognac tränken und den

Kuchen damit umwickeln. In Frischhaltefolie einwickeln, darüber Alufolie legen. An einem kühlen Ort mindestens 1 Woche ruhen lassen; im Gefrierfach haltbar bis zu 3 Monate. Vor dem Servieren Apfelgelee bei schwacher Hitze in einem Topf schmelzen, dabei ständig umrühren. Den Kuchen damit bestreichen. Ergibt 21 Stücke.

»Sieh dir bloß mal an, wie sie alle hier sitzen; sie kommen mir total bekannt vor, aber woher kenn' ich sie, verdammt noch mal?«

Schokoladenkuchen

250 g gesiebtes Mehl
2 TL Backpulver
1/4 TL Salz
3 TL ungesüßtes Kakaopulver
1/4 TL gemahlener Zimt
150 g Zucker
1/8 l Pflanzenöl
1/8 l fettarme Kondensmilch
1 EL Vanillezucker
4 steifgeschlagene Eiweiß
Für die Form: Butter oder Margarine

Boden einer Kastenform (21 cm lang) ausfetten; beiseite stellen.
Mehl und die nächsten fünf Zutaten in einer großen Schüssel mischen. Öl, Milch und Vanillezucker dazugeben; mit dem elektrischen Handrührgerät bei mittlerer Geschwindigkeit glattrühren (Teig wird dick). Ein Drittel des Eischnees vorsichtig unterrühren, den restlichen Eischnee unterheben. Masse in die vorbereitete Form geben. Bei 175 °C 45 Minuten backen; zur Garprobe mit einem spitzen Hölzchen in die Mitte des Kuchens stechen; beim Herausziehen darf kein Teig daran kleben. In der Form 10 Minuten abkühlen lassen; aus der Form nehmen und auf einem Kuchengitter ganz auskühlen lassen. Ergibt 16 Stücke.

Preiselbeereis

1 l Preiselbeersaft
2 TL abgeriebene Schale von
1 unbehandelten Orange
1/2 l Orangensaft

Alle Zutaten verrühren; im Gefrierfach fest werden lassen. Herausnehmen und 15–20 Minuten stehen lassen. Gefrorene Masse in eine große Rührschüssel geben; mit dem elektrischen Handrührgerät bei niedriger Geschwindigkeit rühren. Bis zum Servieren wieder in das Gefrierfach stellen. Ist die Zeit gekommen, herausnehmen und bei Zimmertemperatur stehen lassen, bis man kleine Bällchen daraus formen kann. In schönen Schälchen servieren. Ergibt 8 Portionen.

»Kannst du nicht erst noch die Spülmaschine ausräumen?«

Kein Ende in Sicht

Resteverwertung

Sie schwören sich, niemals wieder etwas
zu essen oder zu kochen. Aber da sind noch die Reste.
Es gibt kein Entrinnen! Ihre Aufgabe:
Bis einschließlich Februar Suppen, Salate, Schmorgerichte und Sandwiches daraus zu machen. Gott sei
Dank ist es wie bei der Familie:
Nach einer gewissen Zeit gewinnen
sie wieder an Reiz.

Chili »Weißer Blitz«

450 g getrocknete, kleine weiße Bohnen
400 ml Hühnerbrühe
1 große Zwiebel, fein gehackt
2 Knoblauchzehen, gehackt
1 EL gemahlener weißer Pfeffer
1 EL getrockneter Oregano
1 EL gemahlener Kreuzkümmel (Cumin)
$^{1}/_{2}$ TL gemahlene Nelken
750 g gekochtes und kleingeschnittenes Truthahnfleisch
2 grüne Pfefferschoten, kleingeschnitten, nicht abgetropft
$^{1}/_{4}$ ml Wasser
1 TL Salz
1 jalapeño-Paprika, ohne Samen, kleingeschnitten
geriebener Cheddarkäse
Chilisauce
Sauerrahm
in Scheiben geschnittene Frühlingszwiebeln

Bohnen verlesen und waschen; in einen großen flachen Bratentopf geben; mit Wasser auffüllen (5 cm über den Bohnen); 8 Stunden quellen lassen. Bohnen abtropfen lassen und wieder in den Topf geben. 300 ml Hühnerbrühe, die kleingeschnittene Zwiebel und die nächsten fünf Zutaten hinzufügen. Zum Kochen bringen. Zugedeckt auf kleinem Feuer 2 Stunden kochen lassen, bis die Bohnen weich sind.
Die restliche Hühnerbrühe, den Truthahn und die nächsten vier Zutaten dazugeben. Zum Kochen bringen; zudecken und bei geringer Hitze 1 Stunde kochen lassen; gelegentlich umrühren. Mit Käse, Chilisauce, Sauerrahm und Frühlingszwiebeln servieren. Ergibt $1^{1}/_{2}$ Liter.

Truthahnknochen-Suppe

1 Truthahngerippe
3,8 l Wasser
200 g Butter oder Margarine
150 g Mehl
3 Zwiebeln, kleingeschnitten
2 große Möhren, in Scheiben geschnitten
2 Stangen Sellerie, in Scheiben geschnitten
150 g Langkornreis, ungekocht
2 TL Salz
3/4 TL Pfeffer
1/2 l Ale und Porter, gemischt

Truthahngerippe und Wasser in einem großen Topf zum Kochen bringen. Zugedeckt bei schwacher Hitze eine Stunde kochen lassen. Gerippe aus der Brühe nehmen und Fleisch von den Knochen lösen. Fleisch beiseite stellen. Brühe abmessen; falls nötig, mit Wasser auf 2,8 l auffüllen. Beiseite stellen.
Butter im Topf erhitzen; Mehl dazugeben und bei mittlerer Hitze und unter ständigem Rühren 5 Minuten auf dem Feuer lassen. (Die Mehlschwitze sollte eine sehr helle Farbe haben.)
Zwiebeln, Möhren und Sellerie in die Mehlschwitze rühren; bei mittlerer Hitze 10 Minuten unter häufigem Rühren auf dem Feuer lassen. Die 2,8 l Brühe, Truthahnfleisch, Reis, Salz und Pfeffer dazugeben; das Ganze zum Kochen bringen. Zugedeckt bei mäßiger Hitze 20 Minuten köcheln lassen, bis der Reis gar ist. Ale-Porter-Mischung dazugeben und noch einmal aufkochen lassen. Suppe dampfend heiß servieren. Ergibt gut 4 Liter Suppe.

Truthahn-Parmesan

50 g Butter oder Margarine
50 g kleingehackte Zwiebel
50 g kleingehackter Sellerie
50 g in Scheiben geschnittene frische Pilze
1 Knoblauchzehe, kleingehackt
40 g Mehl
$^{1}/_{2}$ l Milch
400 g gekochtes, kleingeschnittenes Truthahnfleisch
50 g geriebener Parmesan
1 EL frische Petersilie, kleingehackt
1 EL trockener Weißwein
1 TL Worcestersauce
$^{1}/_{4}$ TL Salz
$^{1}/_{4}$ TL Pfeffer
$^{1}/_{4}$ TL Geflügelgewürz
3 Tropfen Hot-Chili-Sauce
1 Prise roter Pfeffer
heiße gekochte Nudeln

Butter in einer großen Kasserolle schmelzen. Zwiebel und die nächsten drei Zutaten unterrühren; bei mittlerer Hitze und unter ständigem Rühren kochen lassen, bis das Gemüse weich ist. Mehl hinzufügen und glattrühren; 1 Minute unter ständigem Rühren kochen lassen. Nach und nach Milch dazugeben; bei mittlerer Hitze kochen lassen, dabei ständig rühren, bis die Masse dick ist. Truthahn und die nächsten neun Zutaten hineingeben; gut umrühren und richtig heiß werden lassen. Auf Nudeln servieren. Ergibt 6 Portionen.

Truthahn, pfannengerührt

1 Packung (280 g) japanische Gemüsemischung
2 EL Pflanzenöl
500 g gekochtes Truthahnfleisch,
in Streifen geschnitten
150 g in schmale Ringe geschnittene Frühlingszwiebeln
150 g in dünne Scheiben geschnittener Sellerie
1/2 mittelgroße grüne Paprika,
in dünne Streifen geschnitten
1/2 mittelgroße rote Paprika, in dünne Streifen geschnitten
1 Dose (225 g) in Scheiben geschnittene eingemachte
Kastanien, abgetropft
1/4 TL gemahlener Ingwer
1/8 TL zerstoßener roter Pfeffer
150 ml Wasser
2 EL Sojasauce
1 1/2 EL Stärkemehl
1 TL Teriyakisauce
Chow Mein-Nudeln

Öl in einer großen Kasserolle erhitzen, tiefgefrorenes Gemüse, Truthahn und die nächsten sieben Zutaten dazugeben; bei mittlerer Hitze und unter ständigem Rühren kochen lassen, bis das Gemüse weich ist; alles aus dem Topf nehmen und beiseite stellen.
Wasser, Sojasauce, Stärkemehl und Teriyakisauce gut vermischen und gut umrühren; in den Topf gießen. Bei mittlerer Hitze und unter ständigem Rühren zum Kochen bringen. 1 Minute kochen lassen, bis die Masse glatt und eingedickt ist; dabei ständig rühren. Vom Feuer nehmen; Truthahn-Gemüse-Mischung dazugeben und vorsichtig umrühren. Auf Chow Mein-Nudeln servieren. Ergibt 6 Portionen.

Dagwood-Sandwich mit Schinken und Käse

1 (500 g) rundes Sauerteigbrot
125 g Mayonnaise oder Salatdressing
$2\frac{1}{2}$ TL italienische Kräutermischung
$\frac{1}{2}$ TL Pfeffer
1 große Zwiebel, in dünne Scheiben geschnitten
2 mittelgroße grüne oder rote Paprika, in schmale Streifen geschnitten
1 Stange Sellerie, in Scheiben geschnitten
1 EL Olivenöl
450 g gekochter Schinken, in dünne Scheiben geschnitten (etwa 25 Scheiben)
170 g geriebener Cheddar und Mozzarella

Ein Drittel vom Brotlaib abschneiden; beiseite legen. Das restliche Brotstück aushöhlen, so daß eine 1,25 cm dicke Hülle bleibt. (Brotkrumen für einen anderen Zweck aufbewahren.)
Mayonnaise, italienische Gewürzmischung und Pfeffer verrühren. Das Innere des Brotes mit der Hälfte dieser Mischung ausstreichen. Beiseite legen.
Zwiebel, Paprikastreifen und Sellerie mit dem Olivenöl in eine große Kasserolle geben und bei mittlerer Hitze und unter ständigem Rühren andünsten; das Gemüse muß weich sein.
Die Hälfte des Schinkens in das ausgehöhlte Brot geben, darauf die Hälfte der Gemüsemischung, die Hälfte des geriebenen Käses darüberstreuen. Die restliche Gewürz-Mayonnaise-Mischung über den Käse streichen. Den restlichen Schinken, dann die Gemüsemischung und den Käse übereinanderschichten. Mit dem abgeschnittenen Drittel des Brotes verschließen. Sandwich gut in Alufolie einwickeln.

Bei 200 °C 30 Minuten backen; das Sandwich muß ganz heiß sein; in Scheiben schneiden und sofort servieren. Ergibt 6 Portionen.

»Manchmal brauchen wir alle einfach ein bißchen Ruhe, um uns zu erholen, um wieder mal richtig durchatmen zu können.«

Himmlisches Schinkenbrot

450 g gekochter Schinken
(durch den Fleischwolf gedreht)
450 g frisches Schweinehackfleisch
2 große Eier, verquirlt
$^{1}/_{2}$ TL granulierte Zwiebeln
$^{1}/_{4}$ TL Salz
$^{1}/_{4}$ TL Pfeffer
150 g zerbröselte Cracker
140 g brauner Zucker
1 $^{1}/_{2}$ TL mittelscharfer Senf
60 ml Weißweinessig
1 Dose (450 g) Preiselbeersauce mit ganzen Früchten

Die ersten sieben Zutaten vermischen und einen Stollen formen; in eine leicht gefettete Kastenform (26 cm lang) füllen. Zucker, Senf und Essig verrühren; die Hälfte der Mischung auf dem Stollen verteilen. Bei 175 °C 1 Stunde und 20 Minuten backen, zweimal mit der restlichen Zucker-Essig-Mischung begießen. Die Preiselbeersauce darüber verteilen und weitere 10 Minuten backen. Ergibt 6–8 Portionen.

»Was an Thanksgiving so dahingesagt wird, meint doch keiner ganz ernst.«

Schinken-Broccoli-Auflauf

12 Scheiben Weißbrot ohne Rinde
1 Packung (280 g) tiefgefrorenes Broccoli, gekocht und abgetropft
300 g in Würfel geschnittener, gekochter Schinken
6 große Eier, verquirlt
350 g kräftiger Cheddarkäse
knapp 1 l Milch
1 EL getrocknete Zwiebeln
1/2 TL mittelscharfer Senf
Zum Verzieren: frische Petersilie

Brot in kleine Würfel schneiden. Brotwürfel, Broccoli und Schinken schichtweise in eine leicht gefettete Auflaufform geben.
Eier und die nächsten vier Zutaten gut verrühren; über den Auflauf gießen; zudecken und 24 Stunden in den Kühlschrank stellen. Ohne Deckel bei 160 °C 50–55 Minuten backen. Nach Belieben garnieren. Ergibt 6–8 Portionen.

Truthahn-Wildreis-Auflauf

3/4 l reine Hühnerbrühe
450 g in Scheiben geschnittene, frische Pilze
170 g Wildreis, ungekocht
450 g gekochte, kleingeschnittene Truthahnbrust (vor dem Kochen abgehäutet, ohne Fett gekocht)
160 ml italienisches Dressing (ohne Öl)
200 ml Sauerrahm
Für die Form: Butter oder Margarine

Hühnerbrühe in einem mittelgroßen Topf zum Kochen bringen; Pilze hineingeben. Bei geringer Hitze 5 Minuten weiterkochen lassen. Pilze mit einem Schaumlöffel herausnehmen und beiseite stellen. Reis in die Brühe geben; gut umrühren. Zugedeckt 1 Stunde und 5 Minuten kochen lassen, bis die Flüssigkeit aufgesogen ist.

Reis, Pilze, Truthahnfleisch, Dressing und Sauerrahm verrühren, in eine gefettete Auflaufform geben. Ohne Deckel bei 160°C 45 Minuten im Ofen backen. Vor dem Servieren 10 Minuten stehen lassen. Ergibt 6 Portionen.

Truthahn mit gebratenem Reis

300 ml Wasser
250 g brauner Instantreis, ungekocht
2 EL Halbfett-Margarine
2 EL Sojasauce
300 g gekochtes, kleingeschnittenes Truthahnfleisch
75 g tiefgefrorene Erbsen
1 Möhre, grobgeraspelt
50 g in dünne Scheiben geschnittene Frühlingszwiebeln
1 kleine grüne Paprika, grob gewürfelt
1 großes Ei, verquirlt

Wasser in einem Topf zum Kochen bringen, Reis einrühren und nach Packungsanweisung kochen, jedoch ohne Salz und Fett. Zudecken und beiseite stellen.
Margarine in einem großen Topf bei niedriger Hitze schmelzen lassen; Sojasauce einrühren. Truthahnfleisch hinzufügen; zugedeckt 5 Minuten kochen. Erbsen und die nächsten drei Zutaten dazugeben; 3 Minuten bei niedriger Hitze und unter ständigem Rühren kochen. Ei einrühren und 1 Minute unter ständigem Rühren kochen, bis das Ei fest ist.
Reis mit der Truthahn-Gemüse-Masse gut vermischen. Warm servieren. Ergibt 5 Portionen.

Da haben Sie den (Truthahn-)Salat

1 kleiner, gewaschener und
zerkleinerter Romana-Salat
1 kleiner, gewaschener und
zerkleinerter Radicchio-Salat
250 g gekochtes, in Würfel geschnittenes Truthahnfleisch
1/2 mittelgroße, in Streifen geschnittene rote Zwiebel
1 Dose (300 g) Mandarinen, abgetropft
60 ml Orangensaft
1 1/2 EL Rotweinessig
1 1/2 TL Mohn
1 1/2 TL Olivenöl
1/4 TL Dijonsenf
1/8 TL Salz
1/8 TL Pfeffer

Die ersten fünf Zutaten in einer Schüssel mischen.
Orangensaft und die restlichen Zutaten in einer anderen Schüssel verrühren. Über den Salat gießen und vorsichtig mischen. Sofort servieren. Ergibt 4 Portionen.

Sandwich Multikulturell

6 milde griechische Peperoni aus dem Glas
6 große dünne Zwiebelscheiben, in Ringe zerteilt
3 EL italienisches Dressing, ohne Öl
1 EL und 1 TL mittelscharfer Senf
4 Baguettebrötchen (je 50 g), der Länge nach aufgeschnitten
250 g dünne Scheiben gekochtes Roastbeef
50 g Provolone, in dünne Streifen geschnitten

Von den Peperoni Stiele entfernen; in $1/2$ cm dicke Scheiben schneiden; beiseite legen.
Zwiebeln und italienisches Dressing in einem kleinen Topf zum Kochen bringen. Bei geringer Hitze so lange köcheln lassen, bis die Zwiebeln glasig sind. Beiseite stellen. (Nicht abgießen.)
Die eine Hälfte des Brötchens mit je 1 Teelöffel Senf bestreichen; darauf Roastbeefscheiben legen, dann die Peperonischeiben und dann den Käse. Die andere Hälfte des Brötchens daraufsetzen. Jedes Sandwich in Alufolie einwickeln. Bei 175°C 10 Minuten backen; die Sandwiches müssen ganz heiß sein. Noch warm servieren. Ergibt 4 Portionen.

Schweinefleisch-Sandwich oben ohne

2 EL Magermilchjoghurt
1 EL Mango Chutney
1 Handvoll gewaschener und kleingeschnittener Kopfsalat
2 Scheiben (je 30 g) Pumpernickelbrot, getoastet
8 dünne ungeschälte Birnenscheiben
4 Scheiben (je 15 g) glasierter Schweinebraten, der Länge nach halbiert (Rezept siehe S. 37)
30 g Brie

Joghurt und Chutney gut verrühren, beiseite stellen.
Die beiden Pumpernickelscheiben mit dem Kopfsalat belegen; je $1^1/_2$ Eßlöffel Joghurt-Chutney-Mischung darüber verteilen. Abwechselnd Birnenscheiben und Schweinefleisch darauflegen, zum Schluß den Brie. 2 Minuten in den Ofen stellen, bis der Käse zu schmelzen beginnt. Sofort servieren. Ergibt 2 Portionen.

Register

Fotos von Ralph Anderson, Sylvia Martin, Howard S. Puckett und Charles Walton IV. Styling von Cindy Manning Barr, Virginia R. Cravens und Leslie Byars Simpson.

Dank auch an Steve Bender, von dem die Trancieranweisungen auf Seite 42 stammen.

GOLDMANN

Barbara Rütting

Koch- und Spielbuch für Kinder 13593

Mein neues Kochbuch 13760

Mein Kochbuch 10838

Mein Gesundheitsbuch 13584

Goldmann · Der Taschenbuch-Verlag